才能のない人間が考えた才能を活かす10の方法

別所謙一郎
Kenichiro Bessho

WAVE出版

はじめに

自分の才能を活かさずに生きるのは、人生における最大の損失

あなたが死ぬ直前、神さまが枕元にやってきて、「残念だったな。あなたには人生を100倍楽しくする才能があったのに気づかないまま死ぬんだね」と言い残して、消えていったとしたら、あなたが神さまになんと言うでしょうか？

「どんな才能？　教えてよ！」

でも、本当に残念なことにあなたの人生に残された時間はなく、自分の才能がなんだったのかもわからず、あなたの人生は終わります。

……という具合に人生を終えてしまう前に、この本を手にしたあなたはラッキーでしょう。

少々上から目線の話をしてしまいましたが、私自身大成功をしている人間ではありません。

普通に大学を卒業して、そこそこの規模の企業に就職しました。そこそこの企業で、そこそこの結果を出して、そこそこの出世をして、そこそこの収入を得て、そこそこの家庭を持って人生を歩んでいくのだと思っていました。

ところが、「自分はそれなりに仕事ができる人間だ」と思っていた期待は外れて、ダメ社員の部類に入ってしまいました。3年ほどその会社に勤めましたが、出世できる見込みもなく、逃げ出すように1回目の転職をしました。もっと小さな企業なら実力を示すことができるだろうと転職をした職場では、さらにダメっぷりを発揮して、1年半で退職。そのあとは、コンビニでバイトをしながら無為な時間をすごしました。

1年後に、最初の会社でお世話になった上司が転職をした企業に誘っていただき、ようやくと普通の会社員になることができました。この企業は殺伐とした雰囲気のない企業で、給料も悪くはなく、居心地はよかったのですが、出世するのはプロパー社員ばかり（だと錯覚していました）。そうした不満は周囲に伝わるもので、2年後に東京に転勤（その前は京都本社に勤務）になりました。家賃の補助が9割という恵まれた環境にいながらも、不満の炎は収まらず、協調性がある人間ではなかったと思います。

決して恵まれていない環境にいたわけではありませんが、未来に希望が持てないときに、あるベンチャー企業の社長と知り合いました。

最終的には、この会社に5回目の転職をします。この転職が私にとっての転機となります。この会社は若い社員ばかりで、社内の制度やシステムも整っていませんでした。それまで私が勤めていた企業では当然のことが当然ではありません。営業のスタイルや提案の技術を知る社員はおらず、ガッツだけで仕事を受注していたような状態です。そこに、私は自分の経験や知識を提供しました（と言っても、普通の営業マンなら誰でも知っているレベルです）。

結果、3億円くらいだった売り上げは7億円を超えるようになり、課長で入社した私は5年後には取締役になっており、年収は1000万円を超えました。

もちろん、才能が急に開花したわけではありません。このときに気づいたことは、才能とは使う場所（このときは企業です）によってまったく価値が変わるということでした。

当時は悪い待遇ではなかったのですが、取締役とはいえ、実態はサラリーマンです。次第に組織にいることに不自由さを感じるようになりました。

このときには、自分の才能を提供する場所によって価値が変わることがわかっていたので、私は独立をします。仕事は「コンサルタント」です。コンサルタントを選んだ理由は、当時コンサルタントがブームだったことが大きいでしょう。また、お金をかけずに起業できるし、固定費も少なく、仕事の時間も自由になるし、依頼主の居場所によっては全国を無料で旅行できると考えたからです。

苦労した期間もありましたが、仕事の時間は自由、交通費を支給していただき全国を旅して、収入はサラリーマン時代の2倍ほどで生活をしています。

決して、大成功と言えるような話ではありません。退職金はありませんし、年金もいくらもらえるのかは知りません。しかし、才能を価値に変える方法を知っていれば、そここのお金を稼ぎ、自由に生きることができます。

誤解していただきたくないのは、この本は単なる独立のすすめではないということです。

私にはいくつかの転機がありましたが、今なら、どの局面でも自分の才能を価値に変えることができます。

最初に入社した企業に長く勤めながら、自分の才能を価値に変える方法。
転職をすることで、自分の才能を価値に変える方法。
独立をして自分の才能を価値に変える方法。

幸いに、仕事柄、クライアントにも恵まれて、才能を活かして、会社を大きくする方法を知ることもできました。

サラリーマンとしても、フリーランスとしても、経営者としても才能を活用することはできます。

もし、あなたが「自分の人生はこんなものだろうか？」と思っているなら、確実に言えることは、自分の才能を活かせていないということです。持っている才能を活かすことができずに生きるのは人生の大きな損失でしょう。

逆に、何歳からでも、自分の才能に気づいた人生は有意義なものになります。

この本は、あなたの才能を能力に変えて、価値を提供して、人生を有意義に生きるガイドブックです。

才能というのは、若いうちに開花させないといけないと考えている人が多いようです。もちろん、才能によっては若いうちに開花させないといけないものもあります。しかし、仕事で活かす才能は何歳からでも開花させることが可能です。

サラリーマンは、これまでのように仕事をしているだけでは、50歳くらいでハシゴを外されてしまうことがあります。会社がひどいことをしているように思えるかもしれませんが、今までの仕事のやり方が、今の仕事のやり方に合っていないということでもあります。50歳で残念なことにならないように、自分の才能を活かす準備をしておくと、あとで困ることがありません。

読み終えたとき、あなたが自分の才能を価値に変える方法を見出し、なんらかの一歩を踏み出していただけるなら、こんなにうれしいことはありません。

目次

第1章 成功者とは「自分の才能の活かし方を知っている人」

好きなことをやるだけでは才能は活かせない

成功は「①大望×②才能×③運」の順番が大事

ビビると才能が死んでいく

自己責任で生きると才能が価値になりやすい

年をとるほど、才能を活かしやすくなる

第2章 価値を生み出せば、自由とお金のほうからやって来る

成功者が実践している「提供の法則」

提供する価値はどう測定する？

あなたの才能を活かす職場と仕事

才能を価値に変える方法

第3章 〈事例〉才能を価値に変える10の方法

ブックデザイン　bookwall
カバーイラスト&本文DTP&図版制作　津久井直美
プロデュース&編集　貝瀬裕一（MXエンジニアリング）

第1章

成功者とは「自分の才能の活かし方を知っている人」

才能があるから成功するのでなく、才能を活かすから成功する

ロックスターとメジャーリーガーと天才起業家

ロックスターになることを目指して広島から出てきた青年は、レコード会社（東芝ＥＭＩ）に自分の曲を売り込みに行きました。そして、自作の曲をディレクターに聞いてもらいました。


「キミ、これ歌詞ないの？」

「え、ええ。ないんです。メロディーを聴いてほしかったんです」

「歌詞ないの。歌詞があってもっと具体的に聴きたかったんだけど（中略）コレ、詞もないしね。ちょっとわかんないね」

（中略）

……いわゆる、断られた。あっさりと。

これは矢沢永吉さんが著書『成りあがり』（角川文庫）で、初めてレコード会社を訪れたときのエピソードを紹介したものです。ディレクターが聴いた曲は、「アイ・ラヴ・ユー、ＯＫ」でした。その後の、矢沢さんの活躍はご存じでしょう。

「入部の歓迎会で、同僚は〝3年後にはプロに行きたい〟なんて言う。僕は無名校だし、恥ずかしくて言えないから、〝全日本に選ばれて五輪に出たい〟と言いました」とインタビューに答えているのは、メジャーリーグで活躍をした野茂英雄さんです。

ミュージシャンやプロ野球選手として大成功をおさめた2人に才能があったことは疑いがないと思います。しかし、その才能は最初から認められていたものではありません。

ビジネスでは、天才起業家と呼ばれる孫正義さんは、開発した自動翻訳機を松下電器に持ち込みますが、門前払いをされてしまいます。次の三洋電機でも話も聞かずに追い返されたというエピソードが『あんぽん　孫正義伝』（佐野眞一、小学館文庫）に紹介されています。

今となっては、カリスマとか天才と呼ばれる人々も、いきなり才能を発揮できていたわけではないのです。

才能とは、結果を出したあとに「あった」とされるもの

才能のほとんどは、結果が出たあとに評価されます。つまり、才能があるから結果が出たのではなく、結果を出すために才能を活用することができたのだといえます。

たとえば、天才子役と呼ばれる人がいます。しかし、この子がプロダクションに入らなければ、普通の子どもでしょう。ある程度の年齢にならなければ、スカウトによって芸能界にデビューすることはありません。

天才子役は、芝居の才能を活かすためにプロダクションに入ります。芦田愛菜さんはテレビドラマ『Mother』に出演して、「第65回 ザテレビジョンドラマアカデミー賞」など新人賞を多数受賞して認知度が高まりました。それでも、NHK大河ドラマ『江 ～姫たちの戦国～』で淀《よど》役の宮沢りえさんの幼少時代の役を獲得するために、300人のオーディションを突破しています。

才能のある人は、自分の才能をアピールすることで、才能を活用しているのです。芦田愛菜さんが10代半ばからアイドルを目指して、AKBなどのオーディションを受けていたら、その才能を活用できたかどうかはわかりません。

人生、才能に気づけば得、気づかなければ大損

最初から才能を全開にして成功している人はほとんどいません。彼らは、自分の才能を見つけて、開花することを信じたというべきでしょう。

あなたは、自分の才能を活かす仕事をしているでしょうか。

ほとんどの人は自分の才能を活かすことができる仕事ができていないと感じます。

こうした話をすると、「自分には才能がない」と言われることがあります。

確かに、芸能人やスポーツ選手、大企業の経営者の才能はないかもしれません。しかし、そこまで大きな才能でなくても、自分の才能を活かすことができれば、もっと有意義な人生になると思いませんか。

あなたにどんな才能があるのか、それは私にはわかりません。ただ、この本を手にしているということは、自分の才能を活かせていないと感じているからでしょう。

すでに、あなたはあなたの才能に気づいているのです。ただ、その才能を活かす方法がわからないということでしょう。

その考えは正解です。

あなたに才能があると断言できます。


私は、大成功をしているわけではありませんが、自由に仕事ができる環境と少々のお金を手にすることができました。

それはすごい才能があったからではなく、才能を価値にして提供する方法を見つけたからです。

私程度の微細な才能でも、それなりの自由とお金を手にすることができるのですから、あなたにできないことはありません。さらに、あなたに大きな才能があることがわかれば、あとは価値を提供する方法を理解すればいいだけです。

自分の才能に気がつけば人生はトクです。逆に、自分の才能に気づかなければ、人生の損失ははかりしれません。

人生の成功とは才能を価値に変えること

最適な場所でこそ、才能は価値になる

矢沢永吉さんがサラリーマンをしていて、宴会の二次会でカラオケを熱唱しても今の地位は得られなかったでしょう。

野茂英雄さんが草野球で豪速球を投げても今の地位は得られなかったでしょう。

孫正義さんが学校の先生になっていたら、大企業をつくることができなかったでしょう。

大成功する才能があったとしても、です。

ここで、成功について考えてみましょう。

自分の現在の状況から、予測できる未来というのは誰にでもあるでしょう。人間は予測しながら生活をします。寝るのは起きると予測するからでしょう。箸で食べ物を口に運ぶのは安全でおいしいと予測するからでしょう。会社に行くのは、仕事があって給料がもらえると予測するからでしょう。逆に、会社に行かなくなるのは、イヤなことが起こると予測するからでしょう。人間が起こることを予測するのか、想像するからことが起こるのかは私にはわかりません。

1つ言えることは、自分の将来に期待が持てない状態で生きるのはつらいということです。逆に、自分の将来が大いなる希望に満ちていると人生は楽しくなります。

おそらく、人間の予測というのはそれほど間違っていません。脳に危機管理能力があるからか、危険な予測には敏感です。だから、ほとんどの人は危険を避けます。ネガティブな予測が当たりやすいのは、危機管理能力の賜物でしょう。

もし、あなたは「こんなはずではないな」と思うなら、別の未来を予測しかけているということです。それはとてもいいことです。なぜなら、今の場所は自分の才能を活かすために最適ではないと気づいているからです。

あなたに用意された3つの人生

「何かが違うな」とあなたが感じているとしたら、あなたには3つの人生が用意されています。

人は予測しながら生きています。自分の将来が予測通りになれば、普通の人生。予測よりも下回れば失敗した人生、予測よりも上回れば成功した人生と定義しましょう。

あなたには、次の3つの人生が用意されています。

1　普通の人生
2　失敗の人生
3　成功の人生

多くの人は、自分には「1　普通の人生」しか用意されていないと思っています。しかし、失敗も成功も用意されているのです。

面白いことに、3つの人生が用意されていることを知っている人でも、失敗の人生を歩まないために普通の人生を選択しています。こうした考えは、成功するためにはリスクがあると考えるからでしょう。

ここで考えてみたいのはリスクの正体です。

たとえば、あるサラリーマンが独立をしようとしたとき、同じくサラリーマンをしている同僚や知人のアドバイスは「失敗したらどうするのか?」というものになります。

実際、失敗するとどうなるのでしょうか?

お金が入ってこないというだけでしょう。失敗すれば、もう1度サラリーマンに戻ればいいのです。

この話をすると、「仕事があるかどうかわからない」「今よりもいい職場に就職できるかどうかはわからない」と言われることがあります。

この考え自体がすでに失敗を予測していますね。これでは予測通りの人生になってしまうでしょう。だから、失敗しない根拠を作ればいいのです。

独立して、失敗しない最大の要因はお客さまがいるということです。失敗を恐れるくらいなら、独立する前にお客さまを探しておく。それだけで相当にリスクが低くなります。

しかし、不思議なことに、多くの人は独立をしてからお客さまを探そうとするので、リスクを回避できません。

人生の幸せと成功を構成する要素

幸せと成功について考えたいと思います。

この2つは似ているようで違うし、共通点があるし、ないともいえます。

幸せは、自分で幸せだと思えば幸せです。人間とは、幸せになることを求めて生きるわけですから、自分で幸せだと思っている人は最良の人生を送っているのです。

もし、幸せだと思えないとしたら何かが足りないということです。ここで「足りない」

ではなく「足りている」とマインドセットを切り替えることでも幸せになれるかもしれません。この考えを否定できませんが、私は嫌いです。

ここからは私見になりますが、足りていないものは得ることで幸せに近づくと思います。アメリカ的な思想だと思われるかもしれませんが、「足りないものを欲しい」と思うなら、欲求にフタをする必要はありません。

欲しいものを得ることが成功であるなら、得るために行動をすればいいのです。

次に、私たちの生活にかかわる要素について考えたいと思います。

私たちの生活を構成している要素は、時間、人間関係、お金、評価であると思います。ただし、絶対的な幸せ基準があるわけでなく、これらの要素は主観によって構成されます。お金があっても時間がなければしんどいですし、時間があってもお金も人間関係もないなら、満たされません。

要は、時間、人間関係、お金、評価で求めることを明確にして、それが満たされる人生は幸せだといえるでしょう。

成功について考えるなら、主にお金や評価を得ることを目的とすることが多いでしょう。

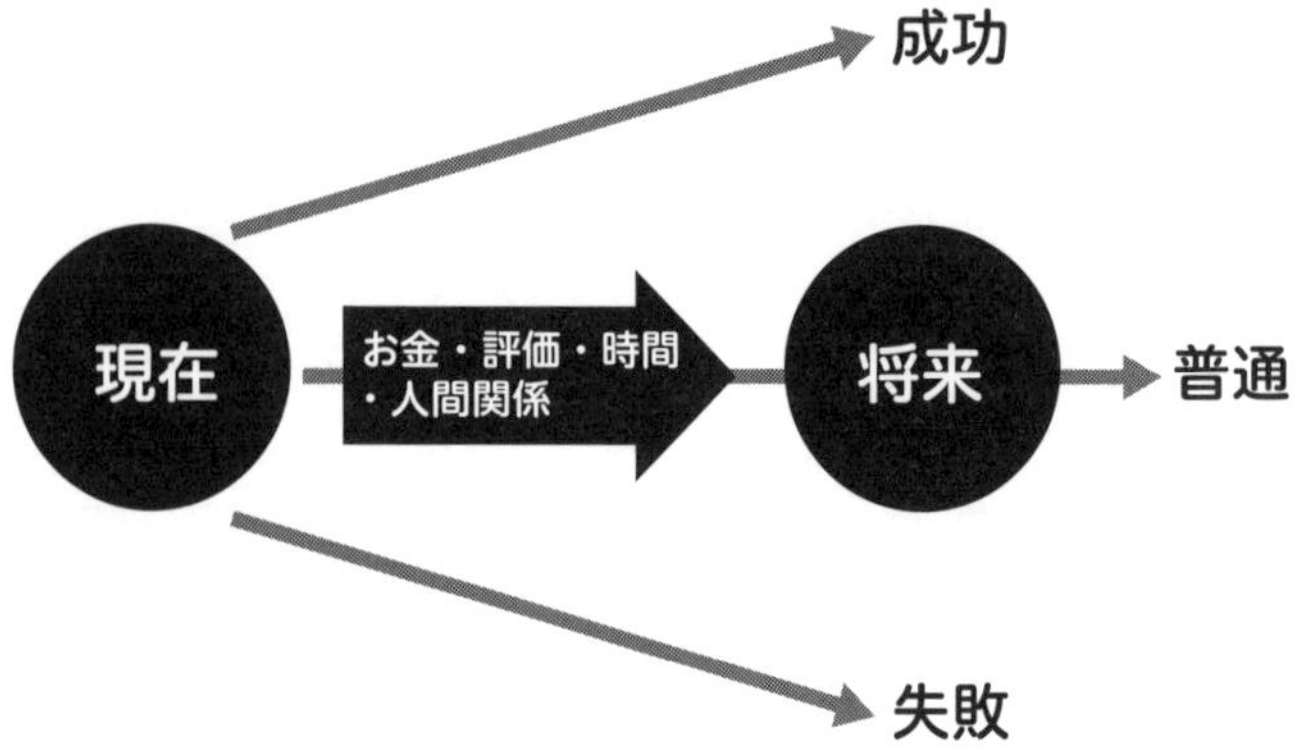

この点は、本書で紹介する「才能を提供する方法」でクリアすることができます。

ここで考えていただきたいのは、幸せになるために、どのレベルの成功を望むのかということです。

特に変わったことをしなければ普通の人生が待っている確率が高く、成功する人生を歩もうと思うなら、自分の予測をくつがえす何かを発動しなければなりません。それが、自分の才能を活かすということです。

望む成功は、才能を価値にして提供することで得られますが、幸せを犠牲にしてしまうと、本末転倒です。

幸せは人生の最上の概念であり、幸せになるために成功を目指すことが重要でしょう。すでに幸せなら、成功を目指す必要はありません。しかし、もっと幸せになりたいなら、成功することで幸せになる確率は上がります。

あなたにも必ず才能はある

そもそも才能とは何か？

ここで才能について考えてみたいと思います。

インターネットで「才能」と検索すると、「物事を巧みになしうる生まれつきの能力」（デジタル大辞泉）とあります。ほかには、「ある個人の素質や訓練によって発揮される、物事をなしとげる力」とあります。

こうした定義を見ると、才能とは、特別なものという印象を持ちます。なんだか、すごいことを連想します。でも、実は違うと私は思っています。

才能とは、あなたができること全部です。

・朝、決まった時間に起きることができる
・あいさつができる
・歯を磨くことができる

・歩く
・走る
・笑う
・文章を書く
・歌を歌う

これらのような「あなたができること」は、すべてあなたの才能です。

なぜ、できることが全部才能なのかを説明しましょう。


あなたが走ることができるとします。それは、あなたの才能です。子どもの頃、クラスで一番走るのが速かったとしたら、かなりの才能があると言えます。

その才能を活かしてきた人が、陸上競技を仕事にしています。

あなたが歌を歌うことができるとすれば、歌の才能があります。歌を歌うことができる才能を活かした人が音楽を仕事にしています。

この話をすると、「陸上選手や音楽家ほどの才能はなかった」と反論されるかもしれません。

しかし、考えていただきたいのは、陸上選手や音楽家の才能が、子どもの頃から飛び抜けて優れていたということはまれでしょう。まして、才能だけで成功したわけではありません。才能を活かす仕事をしている人は、必ず才能を活かすために努力をしています。

あなたにできることはすべて才能です。その才能を活かすことができていないとしたら、才能を活かすための努力が足りていないということでしょう。

才能を能力に変える方法

才能とは、あなたができることの中で、上手にできることであり、あなたにしかできないことがあれば、人から見ても「才能がある」と評されます。

別の言い方をすると、才能とは、あなたの能力を引き出し、価値にするタネです。タネですから、栄養分のある土に植えて、水をやらなければ花は咲きません。

能力とは、才能を数値化したものです。

つまり、才能というタネを育てて、高い数値を出すことで、人から「能力が高い」と評価されるのです。

走るという才能は、陸上競技の100メートル走で10秒を切るタイムという数値を出すことで「能力が高い」と言われます（10秒は日本人の場合です）。

才能を価値にしようと思うなら、才能を数値化することが必要になります。

たとえば、掃除ができる才能があるとします。

『世界一清潔な空港の清掃人』（朝日新聞）を出版した新津春子さんは、羽田空港で清掃員の仕事をしていました。イギリスの航空サービス調査会社スカイトラックスによって、羽田空港が世界一清潔と評価されたことで、脚光を浴びて、著書を出版し、テレビ出演をして、現在は清掃の会社を経営しています。

このように、あなたの才能を数値化すれば、価値を提供するチャンスは生まれます。

いかがでしょう？

あなたにも才能があるでしょう。自分の才能に気づかないのは、才能を数値化していないからではないですか。

ごく少数の「わかりやすい才能」と大多数の「わかりにくい才能」

ほとんどの人はわかりにくい才能しか持っていない

若くない年齢の人が「今さら、才能を活かせと言われても……」という気持ちはわかります。しかし、自分の才能が活かせていない仕事をするのはしんどいですね。評価もされませんし、明るい展望も見えにくいでしょう。もちろん、才能を活かすことができない仕事を続けるのかどうかは、あなたの自由です。

多くの人が自分の才能に気づかないのは、わかりやすい才能とわかりにくい才能があるからでしょう。

走るのが速いとか、野球がうまいとか、作曲ができるなどはわかりやすい才能です。逆に、掃除というのはわかりにくい才能ですね。

残念なことに、ほとんどの人はわかりにくい才能しか持っていません。わかりにくい才能は、加工しなければ数値化することはできません。

逆に言えば、才能を加工できれば、能力にできるということでもあります。

わかりにくい才能を加工するとは？

才能を加工するとは、どういうことかと言いますと、「才能を数値化して、商品やサービスをつくり、欲しい人に売る」ということです。

先ほど紹介した新津春子さんは、会社員としてやっていた清掃の才能を、「世界一清潔な空港」という数値化ができたので、「ハウスクリーニング」というサービスとして販売しています。

この点を知っていれば、「〇〇業界セールス1位が教える営業トーク」「2000人をカウンセリングしたセラピストのセルフセラピー」「1億円稼ぐ勉強法」など、才能が数値化されていることに気づくでしょう。

才能を数値化すると能力になり、その能力を活かしてサービスや商品をつくることができれば仕事になります。そして、仕事がたくさん獲得できれば成功するということです。

これが、才能を活かすというサイクルです。

メジャーリーグで活躍している大谷翔平選手は、速いボールを投げることができます。160キロ（数値）のボールを投げる才能をプロ野球という仕事にしました。160キロ以上のボールをたくさん投げて、勝ち星を重ねて、ホームランをたくさん打てば、彼はどんどん成功します。

大谷選手のようなわかりやすい才能は成功に直結します。わかりにくい才能でも、清掃の新津春子さんのように、「世界一清潔な空港」という数値化することで、清掃のサービスを仕事にすることができます。

こうした話をすると、「私の才能はどう活かせばいいでしょうか？」と質問をされることはあります。

少々きびしい言い方をすると、「どうすればいいでしょうか？」は思考停止です。才能を活かすことができる人は、さっそく数値づくりに入りますからね。

とはいえ、「自分で考えてください。」というのはひどい話なので、この本で「どうすればいいでしょう？」にお答えすることにします。

才能を数値化したパート主婦

才能の数値化が難しい場合は、今の仕事を一生懸命にやって、数字をつくるということをおすすめします。そのために、月給や時給で仕事をしないと決めるのです。月給や時給で報酬を得ている感覚を持ちつづけると、仕事を時間で考えるようになります。この考えで報酬を増やそうとすると、長時間仕事をするしかありません。

で、具体的にどうすればいいかということを、時給のパート主婦から上場企業の社長になった橋本真由美さんを例にお話をします。

橋本さんは、専業主婦を続けていましたが、ご主人の給料以外の収入を目的に、近くにできたブックオフの1号店で時給600円のパート勤務を始めます。

ブックオフのビジネスモデルは、キレイな本を仕入れて、できるだけすみやかに高値で販売することで、利ざやを稼ぐモデルです。ビジネスモデルの基本は、仕入れ。つまり、買い取りです。ですから、「高価買取」という上から目線でなく、「お売りください」という文言にしたのも橋本さんのアイデアです。また、お客さまが大量の本を車に積んできたときは、駐車場まで受け取りに行くなどのサービスを実施しました。

もちろん、本が売れるように棚の整理や並べ方などを工夫して、売り上げを上げる方法を考えて、実行します。

橋本さんは、「本の販売数」という数値化をすることで、才能を能力に変えたのです。

結局、パートの仕事では時間が足りず、社長に直訴して正社員になります。その後、店舗のマネージャーを経て、社長にまでなるのです。

橋本さんが評価された最初のステップは、橋本さんがつくった棚の本がたくさん売れたということです。

橋本さんは、時給のパートであるにもかかわらず、「売り上げ」という数値をつくったのです。

このとき、上司に「本をどのように並べればいいですか?」と聞いていれば、その先はなかったでしょう。

才能を数値化することは一朝一夕にはできないかもしれません。特に、これまで月給や時給で仕事をすることに慣れた人は、何をしていいのかわからないというのも理解できます。

わからないからこそ、今の仕事で「こうしたほうがいい」と思うことを積極的にやるのです。その結果、仕事する時間が長くなるかもしれませんが、残業代などを気にしないことが重要です。

もちろん、すぐに成果として数値化できないかもしれません。橋本さんも不採算店の立て直しを担当していましたが、100パーセントの確率で成功したわけではなかったようです。そんなときは、「超つらい」とお話しになっています。それでもあきらめないでいると、そこに光明が見えます。そして、つらさが、何かのきっかけで、「超楽しい」に変わる瞬間があると橋本さんは言います。

橋本さんの場合は、創業者の坂本孝さんからの評価だったのかもしれません。

才能が開花する瞬間とは、「つらい」が「楽しい」に変わった瞬間であり、それが活かすべき才能であることでしょう。

才能とは、あなたができること。

能力とは、あなたの才能を数値化すること。

「成功する」とは、能力を通じて、価値を提供できるということ。

価値を提供できれば、自由な仕事とお金が舞い込んできます。

好きなことをやるだけでは才能は活かせない

数値が高いと「才能がある」と評価される

成功するためには、才能を価値にして、人に提供する必要があります。

あなたに、木を切り倒す才能があるとします。無人島で生活をするために木を切り倒す才能は重要でしょう。しかも、大木を5分で切り倒すことができるとします。才能を数値化したので、木を切り倒すことができる立派な能力です。しかし、場所が無人島であれば、誰にも能力を提供することができません。これでは、才能を能力にしても成功することはできませんね。


あなたにできることすべての才能から、どの才能を選ぶのか。ここがかなり重要です。

まずは、好きなことから選ぶほうがいいでしょう。

朝日新聞の連載「語る　人生の贈りもの」は、有名人が自分の人生を振り返る回顧録です。回顧録なので、登場する方は、それなりに年齢を重ねた方ばかりです。

たとえば、２０１９年にこの連載に篠山紀信さんと竹内まりやさんが登場しましたが、篠山さんは50年以上写真を撮りつづけ、竹内さんはデビュー40年だそうです。

それだけの長い時間、写真や音楽を続けられたのは、好きだからでしょう。好きだから継続ができるし、継続すればスキルが上がります。好きだから、もっとよくしようと工夫も生まれます。

継続は力なりなので、活かす才能は好きであることを選ぶほうがいいでしょう。

ただし、仕事として提供する以上は、上手にできることが条件となります。上手にできるとは、数値が高いということです。

つまり

１００メートルを10秒で走るよりは、９・９秒
１５０キロの豪速球よりは１５５キロ
3連勝よりは5連勝

ということですね。

仕事であれば、

売り上げ1000万円よりは1500万円
2位よりは1位
収入は1000万円よりは1500万円

のほうが、実際はともかく、能力が高いと評価されます。

才能を数値化するテクニック

私の場合は、かつてサラリーマン時代に、年収が1000万円を超えたことがあります。偶然に転職をしてうまくいったわけです。年収1000万円というのはたいした金額ではないのですが、サラリーマン総数の4・5パーセントしかいないそうです。95パーセント以上の人たちはそれ以下なわけですから、年収1000万円になりたい人はいます。で、その転職方法を紹介するセミナーをすると人が集まりました。

しかし、ほとんどの人は、そんなに高い数値化はできないという話になります。それは、残念ですが、何も考えずに仕事をしてきた結果なので、真摯に受けとめるしかありません。
とはいえ、ここで話を終えてしまうのも冷たいので、高い数値を出すことができない人がどうすればいいのかを考えます。

その方法は、次の2つです。

1 これまでの仕事で数値化をする
2 数値を操作する

数値化ができない場合は、多少、あざとい方法ですが、即効性がある2番の詳細をお伝えします。「数値は高いほうがいい」と言いました。なので、数値が高くなる設定をすればいいのです。

才能の数値を高く見せる方法

才能に関する数値を操作する方法があります。

2-1　総数で数値化する

1つの仕事を長くしてきたなら、高い数値を出すことができます。創業10年よりは100年のほうが伝統と格式を持ちます。実際には創業10年のほうのレベルが高いとしても、100年のほうが印象が強いわけです。

サラリーマンで総務を30年務めてきた人は、「総務部30年の経験から生まれた○○の知識」という具合に数値化すればいいのです。

2-2　前後の差で数値化する

数値は高い数値を出すだけでなく、前後の差で表現することもできます。通販であるように、「3カ月で10キロ減」的なものですね。

私の場合、年収1000万円というのはたいしたことはないのですが、「3年で550万円から1000万円に」とすることで、差を数値化していました。

必ずしも高得点を取る必要はなく、前後のギャップが大きければ、魅力も大きくなります。そう考えれば、今、どん底にいる人はつらいかもしれませんが、普通のサラリーマンよりもチャンスがあるといえます。

的に1位になります

2-3 少ない数で勝負する

数値は1か0で勝負する方法もあります。たとえば、「……だけ」「業界1位」「世界初」（1ですね）、「……を使わない」（0ですね）という具合です。どんなカテゴリでも1位は最強です。もしくは新しいカテゴリをつくることや独自性があれば、ほかにはないので必然的に1位になります

才能を好きなこと、上手にできることから選んだあと、望む人が多ければ最高です。主婦で、料理が苦手な人は少なくありません。こうした方は、簡単でおいしいレシピを求めています。ですから、クックパッドというサイトは大量のアクセスを集めることができます。

神奈川県厚木市で「はるひごはん」というレストランを経営している大橋由香さんは、繁盛店のオーナーシェフであり、レシピ本のベストセラー料理研究家でもあります。

ストウブを使った無水料理が大橋さんの強みで、シンプルな調理法でレストランのような料理を家庭でつくるための料理教室を開催しています。

まさに、好きなこと、上手にできること（数値化）、望まれることをかけ合わせていますね。

好きなこと＝料理
上手にできること＝ストウブを使った塩だけの無水料理（数値は1と0）
望まれること＝料理が苦手な人でもレストラン並みの料理ができる

大橋さんももとは料理が好きな主婦でした。30歳を超えてから、レストランをオープンしています。才能を活かして成功をしている事例です。

成功は「①大望×②才能×③運」の順番が大事

大きく考えることの魔術

よく「思考は現実化する」という話を聞きます。実際に思考が現実化するかどうかは保証できませんが、1つ言えることは、思考していないことは現実化する可能性が低いということでしょう。

宇宙に何かを願う「引き寄せの法則」が現実のものだとしても、願っていないことは引き寄せられないでしょうから。

どうせ引き寄せるなら、大きなものを引き寄せるほうがいいでしょう。しかし、大きなことを考えるということは、案外と簡単ではありません。それが妄想であっても、人には思考の枠組みがあり、それに沿った思考をしてしまうものです。

そうした枠組みを外すためのワークなどがあります。そうしたワークによって自分の枠組みを外すことは重要でしょう。

大きなことを成し遂げる人は大きなことを考えています。しかも、その大きなことが実現すると本気で考えています。

たとえば、本を出版することが夢である人と、デビュー前から100万部を売りたいと考えている人では、実現する未来が違います。

以前、『大きく考えることの魔術』（ダビッド・J・シュワルツ、実務教育出版）という本を読んだことがあります。何が書かれていたのかはほとんど思い出せませんが、「大きく考えることで人生がよくなる」という趣旨だったと思います。以来、私は、「大きく考えることはよいこと」と思うようになりました。

実際に「大きく考えることが成功の要因になるだろう」という視点で人を見ていると、確かに大きなことをしている人は、大きなことを考えていることに気づきます。

大きなことというのは、使命感ともいえますし、欲ともいえますし、ビジョンでもなんでもいいのですが、スケールが大きいのです。ここでは、なんとなく美しく聞こえるように、「大望」としておきましょう。

成功している人は、必ず大望を持っています。

なぜ、多くの人が「大きなこと」を考えられないのか?

成功者は大望を持っていると話すと、「大望を持てば成功するのですか?」と質問されることがよくあります。この質問は、大きく考えることの本質を間違っています。

つまり、大きく考えたら成功するのではなく、大きく考えているから成功するのです。

違いがわかるでしょうか?

大きく考える人は、最初から大きく考えているのです。大きく考えようとして大きく考えるのではないのです。残念ながら、大きく考えればいいと聞いてから、大きく考えてもダメなのです。

ところで、なぜ私たちが大きく考えることができないのかと言いますと、それは周囲に小さいことを考えている人が多いからです。

たとえば、「老後に2000万円が不足する」と聞くと、マズいと思う人は、小さく物事を考えています。大きく考える人は、もともとそれ以上の金額を想定しているので、何も気にしません。

「妄想を語っていないで、現実を見よう」
「将来のために堅実に」
「何かあったときの備えに」

とにかく、私たちの周囲には、小さなことを言ってくる人がたくさんいます。だから、大きく考えることは、案外と難しいのです。

ここまでの話で、「しまった！　小さなことを考えている自分はもうダメなのか？」と思ったあなたは、さらに小さなことを考えていますね。逆に、「とにかく大きなことを考えよう」と思った人は、自分を疑うことなく、大きなことを考えつづけてください。

ちなみに、大きなことを考えたからと言って、成功する保証はありませんよ。成功する人は、保証とか関係なく、大きなことを考えてしまうのです。大きなことを考えるというのも、一種の才能です。

ということで、無理に大きなことを考えることができない人は、今の考えよりも少し大きなことを考えればいいと思います。ポイントがあるとしたら、思うようにいかなくても、後退しないことです。ちょっとでも大きなことを考えつづけるということです。そうすれば習慣になります。

面白いことに、大きなことを考えると、能力も上がります。

大きく考えると思考が変化する

大きなことを考えると、才能の数値も大きくなります。つまりは、能力も上がるということです。

毎月、1万円の預金をすると年間12万円の預金になります。しかし、今年は120万円貯めたいと考えると、月10万円の預金が必要になります。給料が30万円だとすると、さすがに10万円はきつい。でも、１２０万円貯めたいと思っていれば、方法を思いつくことがあります。

大きく考えることで、これまでの考えや行動では達成できないことが多くなるので、思考が変化します。言い方を変えると、イノベーションが起こります。

大きく考えれば能力が上がります。で、これを成功につなげるためには、運が必要です。

運についてですが、小さく考える人は、運は自分でコントロールできないもので、偶然にやってくるものだと思っています。一方で、大きく考える人は、運を引き寄せることができると考えています。

また、小さく考える人は、運によって人生が好転すると考えますが、成功する人は運とはチャンスで、チャンスを活かすのは自分だと考えています。

運はどうやって、やってくるのか？

運はどうやって運ばれてくるのかと言いますと、人とともにやって来ます。

私に関してお話をすると、全然お金を稼げていないときに、ある人に出会いました。偶然に話があって、ときどき面談をさせてもらえるようになりました。この段階では仕事をしているわけではなく、特に何かが変化したわけでありません。それでも、話をしていると楽しいので、時間があれば会いに行っていました。

正直なところ、成功している人なので（かなりお金を稼いでいる）、仕事をもらえないかなと考えていましたが、お話をするうちに、会うのが楽しくなりました。

何カ月か過ぎたときに、「この仕事頼める？」と連絡があり、自画自賛ですが、期待に応える以上の仕事ができたと思います。それ以来、いろいろな人を紹介してもらい、現在に至っています。

気づけば、周囲は大きなことを考える人ばかりになり、私も、以前よりは大きなことを考えることができるようになっています。

大きなことを考える利点は、大きなことを考えると、周囲が大きなことを考える人ばかりになるということです。これが運のよくなるサイクルだと思います。

「①大望×②才能×③運」の順番が大事です。

ビビると才能が死んでいく

最初から運を考慮しない

「自分には才能があるから、こんなはずではないのに」と思うことがあるなら、自分について深く考えるタイミングだと思います。

人生には偶然にうまくいくことがあります。宝くじに当たることはまれでしょうが、商店街のくじ引きに当たることくらいはあるでしょう。

こうしたラッキーはありがたく受け取り、「私はついている」と思えばいいと思います。

逆に、ついていないと思うときの考え方が重要です。

たとえば、出かける前にクツのひもが切れたら、「不吉なことがある」と思うのでなく、「出かける前でよかった」と思う。道を歩いていたら自転車とぶつかった。そのときに、「車でなくてよかった」と思う。

どんなことでもプラスに考えれば人生は好転するという教えがあります。個人的な見解かもしれませんが、なんでもプラスに考えすぎると、反省がなくなります。用心もできなくなります。自転車とぶつかった経験があれば、次からは用心をするほうがよいでしょう。

こうした信仰があるのは、人生を幸運と不運で考えるからでしょう。あまりに、幸運と不運で物事を考えると人生をコントロールできなくなります（運をコントロールできるという人もいますし、コントロールできる部分もあると思いますが、上級者編です）。

自分について考えるとは、運を考慮しないで自分を理解するということです。

バカな人はスルーする

では、ついていないときに、どう考えればいいのと言いますと、何かが起こったときに、自分に原因があると考えればいいのです。

上司の虫の居所が悪いときに居合わせて、八つ当たりをされたら不運です。しかし、あなたのほかにも多くの人がいた中で、あなただけが八つ当たりをされたとしたら、あなたにも原因があるのです。

自分に問題があるとか、人よりも劣っていることを自覚せよというような話をしているのではありませんよ。

八つ当たりする上司なんてバカなのです。でも、バカに対して怒るとあなたも同じレベルになってしまいます。また、怒ったところで、社内的に上司に権力があるなら、さらにつらく当たられてしまうかもしれません。

ついてないと思う前に、バカな上司はスルーすればいいのです。「すみません、以後気をつけます」と言って、そのことは忘れてしまいます（そんなに簡単にはいかないかもしれませんけど）。


他人からの圧力に対してスルーすることは重要です。他人は、あなたの都合のいいようには動きません。期待してもムダなのです。バカな上司は、何か大きなきっかけがなければ変わりません。

あなたがきっかけを与えようとするなら、パワハラで訴えることです。しかし、会社側が上司を支持すれば、あなたの立場が悪くなります。

人生、バカな奴について考えているヒマなどないのです。

人生は自分のことを考える時間に費やしたほうが建設的です。

他人について考える時間を増やしてしまうと自分がおろそかになります。

だから、自分について考えましょう。

ついていないときは、自力でなんとかする

しかし、人は自分のことがわからないといわれます。確かに、他人よりも自分を理解することのほうが難しい気がします。しかし、「人間、自分のことなんてわからないよね」と言ってしまうのは思考停止です。

もちろん、「わからないのがミステリー」と自分の神秘を楽しみたいのなら、わからないままのほうがいいでしょう。

しかし、「こんなはずではないのに」「もっとよくなりたい」と思うなら、自分について考える必要があります。

自分のことはよくわかっていると思っても、予想する結果になっていないとしたら、何かの理解が違っているということです。

自分について考えるとは、自分の何がわからないのか、どこがわからないのかを具体的に考えるということです。

「なぜ、自分は満足できる状態にないのか？」
「どうすれば、満足できる状態になるのか？」

重要なことは、他人の存在を入れずに考えるということです。誰かが何かをしてくれたらうまくいくということを考えずに考える。

でも、難しい話ではないと思います。

たとえば、自分の能力よりも給料が安いということに不満があるとしましょう。

「なぜ、自分は満足できる状態にないのか？」と考えたときに、周囲が自分の評価を間違っている（と思う）なら、どうすればいいのかは、周囲にわかってもらう実績を出すか、転職するか起業するかになります。

もっと自分はモテていいはずなのにと考えているとしましょう。

「なぜ、モテないのか？」と考えたときに、世の女性（もしくは男性）に見る目がないのだと考えたとしましょう。どうすればいいのかは、女性（男性）にわかってもらう行動をするか、モテる努力をするか、自分がモテる場所（国）に行くかなどになります。

「なぜ、満足できる状態にないのか？」「どうすればいいのか？」は、割と簡単に思いつきます。思いついても行動ができないのは、結果に相手を介在させるからです。「上司が評価してくれれば」とか、「彼女が自分の魅力に気づいてくれれば」と期待しても、上司はほかの部下を評価し、彼女がほかの人を好きになることを止められません。

満足できない状態を満足できる状態に変える方法は、自力でなんとかするのが圧倒的に確実です。

説教臭い話になりましたが、あなたには、そんなことくらいわかっていると思います。わかっていることができない。またはわかっていることをやらない。

ここが問題なのです。

やればいいことができない理由

なぜ、自分はやればいいはずのことをやらないのか（できないのか）？

その理由は、たった1つです。

あなたも私も、ビビリだから。

「なんと自分はビビリなのか」――この理解が自分をわかるということだと私は思います。

・他人に期待するのはビビリだから
・一歩を踏み出せないのはビビリだから
・彼女（彼氏）がいないのはビビリだから
・収入が少ないのはビビリだから
・ブラック企業で働いているのはビビリだから
・人を批判するのはビビリだから
・居酒屋で上司の悪口を言うのはビビリだから

あなたが満足できない人生を歩んでいる理由は、あなたがビビリだからです。

私は、自分がビビリだと認めることはとても重要だと思います。

ビビリのくせに、ビビリだと認めない人は、常に言い訳をして逃げることを考えます。

逃げていると思われるのもカッコ悪いと思うので、逃げていないふりをして逃げています。

こうした態度は周囲の人たちにバレます。

プロボクシングのミドル級世界チャンピオンの村田諒太選手が、2度目のタイトルを手にした試合後のインタビューでこんな話をしています。

──不安はなかったか？

「不安がないわけないでしょ。不安がなかったら、ルーティーンなんてやらないし、こんな哲学的なこと考えないし。不安はあっていいと思う。不安があるから頑張るし、不安があるから成長していると思うし、不安があるから見ていただいて共感していただけると思う。自分はヘタレやし、それでいいと思う」

ヘタレというのは、関西弁で「ビビリ」という意味です。

なんでもかんでも前向きに考えたり、無理やりプラス思考をすることは、冷静な判断力をなくします。

ビビっているのにビビっていないふりをすると、才能は死んでしまいます。

ビビリな自分でいい。というか、ビビリなので仕方がない。ビビリだからがんばろう！

こういう考えこそ、プラス思考だと思います。

「自分はビビリだからこそ、がんばろう！」とふるい立つことこそ、自分についてきちんと考えるということなのです。

自己責任で生きると才能が価値になりやすい

他人はコントロールできない

苦しんでいる人に「自己責任でしょう」というのは酷な話です。しかし、自分に起こっていることは、すべて自己責任だと思うことは悪くはありません。

実際、起こっている問題を他人のせいにした段階で解決はできなくなります。

たとえば、アマゾンの書評で、星1のレビューを書く人がいます。評論であるならまだしも、「これは使えない」的な書評もあります。これって、いったんなんの意味があるのでしょう？ 感想にすらなっていない批判。もちろん、当人は「損をする人を増やさないため」という正義感を持っているのでしょうが。

こうした場合、相手の批判に反論することも、抑止することもできません。できることは、その批判をこちらがどう受けとめるかですね。

他人を気にせず、自分をコントロールできるという点では、プロ野球やメジャーリーグで活躍した松井秀喜さんの考え方が参考になります。

松井さんがメジャーリーグに移籍してすぐの頃、大リーグの投手が投げる外角に沈むボールを引っかけて内野ゴロを打ってしまうことがよくありました。地元の新聞は、「ゴロ王」と命名して紙面に掲載しました。

松井さん自身、結果を出せずにチームに迷惑をかけていることは自覚しています。書かれても仕方がないと思いつつ、いい気分ではないと著書『不動心』（新潮新書）に記しています。松井さんの素晴らしいところは、悪く報道されることではなく、報道を気にして自分のペースを乱すことを恐れていた点です。

「メディアの報道は自分ではどうにもならないことがある」と心得ることで、心を乱さずに、その後、素晴らしい活躍をしています。

成功者は、勝手に自己責任

伝説的な経営コンサルタントの一倉《いちくら》 定《さだむ》さんは、「郵便ポストが赤いのも社長の責任」と言いました。もちろん、ポストの色は社長の責任ではありませんが、会社で起こるすべての物事の責任は社長であることを説きました。

社長は会社を継続させる責任があります。会社はピンチに陥ったときに、問題を景気など、自分以外の責任にしても会社の業績が上向くわけでありません。どんな状況でも、なんとかしなければならないのが社長です。

そう考えると、不祥事のときに「私は知りませんでした」「秘書がやりました」というのは、最も見苦しい言い訳になります。

繰り返しますが、他人に自己責任を押しつけてはいけません。自分に起こったことは自分の責任と捉えるのです。

あなたの人生の責任者はあなたなのですから。

実際、成功者の多くは「勝手に自己責任」です。

勝手に自己責任で生きるとどうなるのかと言いますと、勝手に自己責任で生きるために、自己肯定ができます。

成功している人は、「自己責任＋自己肯定」なので、不平不満はないし、言い訳をする必要がありません。

自分の人生に責任を持つ。だからと言って、孤独ではありません。勝手に自己責任同士が集まると、相互支援（「助け合い」とは少し違います）の関係が生まれます。気が合った人と、「何か一緒にやりましょう。」というわけです。この「何か」がいいんですね。打算もないし、ことが集中でなく、人が中心。これがよい関係が長く続く秘訣だと思います。

自己責任で生きると、必然的に才能を価値にしなければならなくなります。

年をとるほど、才能を活かしやすくなる

才能は若い人が有利なのか？

若いうちはなんでもできて、年齢を重ねると可能性が狭まる。

ロートルは若い人には勝てない。

そんなことを考えることはないでしょうか？　確かに、体力勝負は若い人が有利でしょう。だから、ベテランスポーツ選手は、頭を使って技術を向上させます。

ところで、なぜ、ベテラン選手は頭を使って技術を向上させることができるのでしょうか？

経験と知識があるからですね。

才能ができることだとすると、私たちは、永遠に才能を磨きつづけることができます。できることを増やしていけばいいのですから。できることを増やすために必要なのは創造力ですね。つまり、才能を磨くとは創造力を発揮するということです。

創造力とは、ビッグアイデアやアートなどの特別なことだけを意味しません。創造力とは、現実と自分がやりたいこととの間にあるギャップを埋めることです。ですから、やりたいことがある限り、人間は創造力を発揮することになります。


茂木健一郎さんの著書『脳を活かす勉強法』（ＰＨＰ文庫）には、創造力は側頭葉がつくり出した経験と前頭葉が発信する意欲のかけ合わせで生まれるとあります。

つまり、意欲を失わなければ、経験があるほど創造力を発揮することができるのです。

そう考えれば、イチロー選手やカズ選手が、年齢を重ねても野球やサッカーの上達を目指す姿勢も理解できます。

私たちに意欲がある限り、創造力を使って、才能は磨きつづけることができるのです。

茂木さんの著書には、「意欲のあるお年寄りが一番強い」ともあります。

生産性を高めると才能が活きる

年齢を重ねて体力は衰えますが、創造性は意欲がある限り、衰えません。

ただし、前頭葉は脳の萎縮により、意欲を失わせてしまうこともあるようです。この点の対策は、新しいことにチャレンジして脳を活性化することだと言われます。

いつまでも天才でありつづけた人物として、芸術家の岡本太郎さんについて考えてみたいと思います。

岡本さんは、絵画はもちろん、言葉によるメッセージを発信し続けた人です。

岡本さんは、84歳でお亡くなりになっていますが、お亡くなりになる前年まで作品を発表しています。

岡本太郎記念館の年表によると「70歳でコンピューターで絵を描く」とあります。岡本さんが常に新しいことを求めていたことがわかります。

『ザ・フォーミュラ〜科学が解き明かした「成功の普遍的法則」』(アルバート=ラズロ・バラバシ、光文社）には、シニア世代に希望を与えるデータが紹介されています。

才能は若い時代にのみ発揮されるのではなく、年齢を重ねても、才能を開花させることは可能であるということです。事例として、85歳でノーベル賞を受賞したジョン・フェンが紹介されています。

フェンが初めて論文を発表したのは32歳で、大学の教授になったのは50歳です。研究室は持ったものの、70歳までたいした成果をあげていません。「エレクトロスプレーイオン化法」と呼ばれるノーベル賞を受賞することになった論文は70歳を超えてから発表されたものです。最後の論文を発表したのは90歳です。

才能を開花させるポイントは生産性です。若い人の論文が優れていて、年配者の論文が優れていないということではありません。意欲の高い時代に多くの論文を発表したから評価されたと考えれば、歳をとってからでも意欲を失わずに創造性を発揮すればチャンスはなくなりません。

年齢は気力で補えるというデータは、年齢を言い訳にできないということです。

確かに、年齢を重ねると自分のことだけをやっていられなくなります。家族の問題もあるし、世間との付き合いも若い頃と違います。何より、気力の萎えた人が周囲に増えます。経験や知識は自分の限界を教えてくれることもあるでしょう。経験が少ない若い頃よりもできないことがあることを、身をもって知ることもあります。だからこそ、年齢を重ねてからできると思うことは成功する確率が高いと思うのです。

第2章

価値を生み出せば、自由とお金のほうからやって来る

価値についての大いなる誤解

そもそも価値とは何か？

才能を価値に変える方法を紹介するにあたって、価値についての誤解をときたいと思います。

価値とは、「値打ちがある」ということですが、値打ちには次の2つがあります。

1　絶対的な値打ち
2　特定の人にとっての値打ち

「1　絶対的な値打ち」とは、金（ゴールド）のように、世界中で価格が決まっているものです。一方で「2　特定の人にとっての値打ち」とは、文字通り、一般的には浸透していませんが、熱狂的なファンがいるということです。または、買う意味があるということです。西野亮廣《あきひろ》さんの『革命のファンファーレ』（幻冬舎）では、ゴミを売る方法が紹介されています。落ちているダンボールの切れ端（ゴミ）に「ゴミ＝100万円」という値札をつけ、「100万円」の「万」の部分に赤ペンで斜線を入れて、「大特価！　本日限り100円」としたら、すぐに売れたというのです。

100円でゴミを買った男性は、「100万円のやつを100円で手に入れたぞ」と言い、周囲から「ダマされているぞ」と突っ込まれたというエピソードが紹介されています。この男性が買ったものは、100円のゴミを買ったのではなく、「ネタ」を買ったのだと西野さんは語っています。要は、100円で話題の中心になるネタを買ったというのです。

人と比較して自分の価値を下げない

このように価値というのは、明確なものがある反面、あいまいなものでもあります。比較して価値が生まれるものがあれば、比較をして価値を下げるものもあります。

自分の価値を見出せない人の共通点は、人と比較して自分の価値を低めているということです。

ウサギとカメが競争をした話をご存じでしょう。油断をして居眠りをしたウサギがカメに負けるのですが、第2戦を行えばどうなるでしょうか。おそらく、ウサギが油断しなければカメは負けるでしょう。

私がカメなら、第2戦は水中で勝負します。ウサギなら陸での競争を主張します。このように、人には才能を発揮できる場所があるのです。

人と比較をして負ける理由は、相手の土俵で勝負をしているからです。ウサギとカメのどっちが優れているかを比較しても意味がありません。それぞれに才能があるのです。

自分の価値に気づいていない人は、他人の土俵にいるということでしょう。

他人が不幸になってもあなたは幸せにならない

自分の価値を下げてしまう注意点は、他人に対しての感情です。

アメリカでニートが100億円の宝くじに当選したというニュースを聞いても何も感じない人でも、隣に住んでいるニートが親の遺産を3000万円手にしたということになれば、ちょっと違うことを思うかもしれません。

特に、仕事をしないでゲームばかりやっている姿を見ると、「なんでこんな奴が⁉」と思うかもしれませんね。

嫉妬は距離に比例するのです。アメリカで億万長者が誕生してもなんとも思いませんが、隣のニートだと怒りがこみ上げるのです。だから、社内で自分よりも仕事をしていない（とあなたが思っている）人が評価されると、怒りがこみ上げてくることがあります。私は実際、よく怒っていました。

今ならわかりますが、他人の幸福も不幸も、私の不幸や幸福に関係がありません。人が不幸になったからといって、私が幸福になるわけではないのです。

人の好意は喜んで受け取る

今度は、謙虚な人が陥るワナについてお話しします。

謙虚な人ほど、人の好意を受け取り損ねています。

先日、ある男性とお話をすることがありました。本人は、「自分は要領がいいほうではない」と話します。しかし、お話をお聞きしていると、鋭い部分もあります。

そこで私が、「頭がいいですね」と言ったところ、「そんなことはないですよ」という返事が返ってきました。

なんでもない話のようですが、「受け取る」という点においてはとても重要なポイントでもあります。

私は、その人の話を聞いて、私の判断で「頭がいいですね」と話したのです。要は、私はその人に頭がいいという価値を見出したのです。その人の自己評価を聞いているわけではありません。

私が「頭がいいですね」と話したのですから、返事は「ありがとう」か「そう言っていただいてうれしいです」でいいのです。わざわざ自分を貶《おとし》める必要はありません。自己評価にとらわれると、価値を感じてくれている人の好意を受け取り損ねます。もし、自分に価値がないと思うなら、それはあなたの錯覚です。

受け取り損ねるのは、好意だけではありません。お金も同じです。大金をあげると言われたときに、「その金額は自分にはふさわしくない」と思ってしまえば、せっかくのお金を受け取ることができません。

あなたの評価は他人が決めるものです。

価値を認めてもらえたときは、素直に「ありがとう」と言えばいいのです。

あなたは他人と比較することなく、自分の土俵で才能を価値にして、幸せになればいいのです。

スポーツ選手にビジネスを学ぶ不思議

一芸に秀でた人はなんでもできるのか？

「一芸に秀でた人には学ぶことがある」

この考えを否定はしません。

しかし、一芸に秀でた人が、あなたの仕事をあなたよりも上手にできるとは限りません。

一芸に秀でた人からあなたが学ぶこともあるが、すべてではありません。ところが、そう思う人はまれで、スポーツの名選手や名監督がビジネスマンに講演をしていることがよくあります。

一流の成績を残した人から、学ぶべきことは多く、考え方や姿勢は参考にするべきでしょう。しかし、仕事そのものになると話は別です。

サッカーの日本代表監督だった岡田武史さんは、FC今治のオーナー兼社長に就任し、

「サッカー監督は体制が整っていなければ辞めればいいが、経営者はそういかない。辞

めるに辞められないプレッシャーはすごく、会社の預金通帳がゼロになった夢を見て起きることがある」と語っています。

経営者なら珍しい話ではありません。しかし、サッカーの名監督とはいえ、経営者初心者です。一芸に秀でた人がなんでもできるスーパーマンであるとは限りません。もちろん、その後は素晴らしい経営者になっていらっしゃいますけど。

テレビのコメンテーターはなぜコメントできるのか？

2019年現在、日韓の関係がよいとは言えません。国際的な立場を考えても、早期に関係を修復するほうがよいと思います。しかし、テレビのワイドショーでは、韓国で起こったスキャンダルを面白おかしく特集していることもあります。政治家や専門家でもない芸能人や弁護士などがもっともらしくコメントをしています。彼らのコメントを鵜呑みにしてしまう人が出るということは、けっこう恐ろしいことだと思います。韓国への印象が彼らの考えに影響を受けてしまうからです。

ところで、なぜ、専門家でもない彼らがコメントをすることができるのでしょう？

それはコメンテーターという肩書きがあるからですね。

一芸に秀でた人がスーパーマンとは限らないと言いましたが、そのように評価されるのです。実際に、一芸に秀でた人はほかのことでも秀でていると思われるのです。そう考えれば、コメンテーターはなんらかの専門性か実績を持っています。

人をあざむいたり、無責任なコメントをすることはおすすめできませんが、人の特性は利用するべきでしょう。

人は肩書きや専門性に弱いのです。

美人は得

人は見た目にも影響をされます。

『言ってはいけない』（橘玲、新潮新書）では、美貌格差についての解説があります。

美貌を5段階で評価し、平均を3点とした場合、4点か5点と評価された人は平均よりも8パーセント収入が多く、1点か2点と評価された人は平均よりも4パーセント収入が低いという結果もあります。

20代の女性の平均年収を300万円とした場合、美人は毎年24万円のプレミアムを受け取り、美人でない人は12万円のペナルティを支払っていることになります。

大卒サラリーマンの生涯年収が3億円とした場合、美人は2400万円の得をし、美人でない人は1200万円の損をしていることになります。つまり、美貌の格差は3600万円ということになるのです。

なんと残酷なデータでしょう。ですから、美形でない私は、きっと美形の人は得をしているのだろうとひがみます。

だからといって、男女とも、美形でない人が、美形の人のノウハウをマネるということはかなり無理があり、悲しいことに、やりすぎると、かなり気持ち悪いです。

でも、美人は美人というだけでは得をしていない

美形でない人はがっかりしたかもしれませんが、美しさを逆転する方法があります。実は、美形の人の収入が多い理由は、美しさそのものだけではないというデータもあります。

彼らを押し上げているのは、美しさからくる自信なのです。

『残酷すぎる成功法則　9割まちがえる「その常識」を科学する』（エリック・バーカー、飛鳥新社）には、自信を持つほど、利益がもたらされる傾向があるとあります。自信のあ

る人は生産性が上がり、困難か課題にも挑戦するので、職場で頭角を表しやすいということです。

過剰な自信は、はっきり言って勘違いであることも多いのですが、よい妄想はよい未来を引き寄せることになります。ですから、美しい顔以外に、自信を持つことができれば、美貌の格差を解消することができるかもしれません。

それが才能を活かす場なのです。1つの才能を価値にできれば、人はあなたを多彩な才能の持ち主だと思うのです。

価値はあなたに自由とお金をもたらす

普通のサラリーマンから先生へ

私はかつて、うだつの上がらない営業マンでした。現在は、コンサルタントという職業上、(好ましい呼ばれ方ではないと思っていますが)「先生」と呼ばれることが増えました。顧問先に出かけると、駅に社員さんが出迎えてくれています。もちろん、帰りも駅まで送ってくれます。顧問先に出かける新幹線のチケットも支払ってくれています。

私を迎えに来てくれる社員さんを見ると、いつも思うことがあります。

「かつて、私もそっちにいた」ということです。

特になんの資格も持っていない私は、先生と呼ばれる必然性がありません。ちなみに、教員免許は持っていますが、現在は失効していますし、教員になっていないので、なんの役にも立ちません。

講演などに呼んでいただいても同じことを思います。

「かつて受講生だった」ということです。

サラリーマン時代は、交通費は会社持ちでしたが、訪問先が支払ってくれるようなことはありません。独立してからの数年は、自腹で訪問をしていたことを考えると大きな進歩です。

私は、才能を活かして仕事を獲得することができたので、普通のサラリーマンから先生になることができました。もちろん、自分が先生と呼ばれるような人間でないことは理解しているので、図に乗ったりしないように心がけてはいます。しかし、自分を卑下するようなこともしません。

先生と呼んでいただける方には、ありがたく先生と呼んでいただいています。

ありがたいは、「有難い」と書きますが、まさに私には有難いことが起こったのです。

価値は自由をもたらす

行列のできるラーメン屋さんになぜ、行列ができるのかを考えたことがあるでしょうか？

「それは、おいしいからでしょう」という答えが返ってくるかもしれません。しかし、行列をつくっている人の多くは、初めて来店する人だったりします。つまり、おいしい味を味わったことがないのです。

「人気店だから」という答えもあるかもしれません。しかし、なぜ、その店が人気店であることがわかるのでしょうか？

おいしいとか、人気店であるというのは、事前に刷り込まれた情報の影響を受けています。平たい話をすると、インターネットが普及して、検索をすることが増えるに従って、よいものが売れるのではなく、よさそうに（見える）ものが売れる社会は急速に広がっています。

これは大きな社会変化で、勝ち組と負け組はより鮮明に分かれることが予測できます。

行列ができているラーメン店では、お客さまは30分でも待ちます。しかし、普通に空席があるお店で、お客さまを座らせてから30分も待たせると、クレームを言われるでしょう。

あなたの価値が認められると、あなたが主導権を握ることができるのです。すなわち、価値はあなたに自由をもたらすのです。

価値はあなたの値段を上げる

現在の私の1日の報酬額は、（仕事内容により変動がありますが）新入社員時代の1カ月分の給料に相当する金額です。

なぜ、その金額にしているかと言いますと、自分の価値は新入社員の20倍はあるだろうと勝手に見積もっているからです。この金額が高いのか安いのか、妥当なのかは、買っていただける人がいるかどうかで決まります。買ってくれる人がいる以上、その価格は妥当です。ですから、あとは、お客さまの数を増やしていけばいいことになります。

ただし、コンサルタントの仕事は自分の時間を売ることになるので、担当できる顧問先の数も限られます。ですから、大きく稼ぐことができる商売ではありません。それでも、誰かに何かを命じられることはないので、やりたくない仕事は受けません。

時間はできるだけ顧問先の都合を優先しますが、平日でもプライベートで休むことはあります。

先ほど能力は数値化だと言った通り、私が実績を出すほど私の価値は上がります。すると値段を上げることも可能です。

もっと稼ぐのか、稼ぎは一定にして、仕事をする時間を減らすのかという選択肢が生まれます。

価値は、時間を調整することもできるのです。

「凡人」とは「才能の使い方がわからない人」のこと

才能を活かしきれない人々

お金儲けの方法を指南しているコンサルタント、ますだたくおさんの著書『情熱をお金に変える方法』（すばる舎）に「衝撃！『凡人とはこんな奴だ！』の法則」という項目があります。

その中で、凡人に該当する項目がたくさん挙げられています。抜粋して紹介しますと、次のようなことが書かれています。

・行動しない評論家
・無能だと言われる
・他人任せの選択をする
・頭を使っていない
・安いものが好き
・ポイントカードを集めている
・割り引きがうれしい

けっこうドキッとするような内容が多くあり、気が滅入ります。

ところで、凡人が凡人たるゆえんを考えてみると、凡人はどこにでもいるから凡人だと言われるのです。逆に言えば、滅多にいない人になれば凡人でなくなります。

滅多にいない人とはどんな人かと言いますと、自分の才能を仕事にしている人です。

・仕事が楽しい
・有能だといわれる
・自分で物事を選択する

・頭をフル回転させている
・自分の価値がわかっているので、ほかの価値があるものがわかる
・ポイントカードは必要なものだけ
・高く売れるとうれしい

以上のようなことになるでしょうか。

もちろん、不平や不満も言いませんし、自分探しをすることもありません。こうした人は社内には少ないし、自己啓発のセミナーに参加しても少数でしょう。

少し辛辣な意見かもしれませんが、凡人でなくなろうとするなら、あなたから見て凡人だと思う人と違うことをすればいいのです。

凡人がなぜ凡人で終わるのか？

凡人でなくなろうと言いつつ、実は私は完全に凡人です。

街を歩けばサインを頼まれるような有名人でもありませんし、どこにでもいる中年のおじさんです。

しかし、私と契約をしてくれているお客さまや講演会で聞いてくれる方々にとっては先生になります。

凡人が凡人で終わるのは、いつも凡人でいるからです。凡人でなくなる場所をつくればいいのです。別にスターにならなければならないという話をしているわけではありません。


漫画原作を映画化した『いぬやしき』で、木梨憲武さんが演じる犬屋敷壱郎は、凡人で終わらなかった凡人でしょう。犬屋敷は、高校生の娘と中学生の息子がいる58歳のサラリーマンで、家族にうとまれ、会社でも評価されません。

娘の友人からも、おじいちゃんと間違われるほどの老いぼれようです。さらに、胃ガンになり、余命3カ月と宣告されます。その犬屋敷が、散歩中に宇宙人の事故に巻き込まれて死んでしまいます。ところが、宇宙人の力で強力な武器ユニットを搭載されてよみがえります。医療では治らない病気を治癒させる能力などを手に入れて、これまでとは違った人生を生きるというストーリーです。

普段の生活は凡人であることに変わりはないのですが、兵器ユニットと治療の能力を手にしたことでヒーローになることもできます。

おそらく、私たちが宇宙人と出会って改造人間にされる可能性は低いでしょうが、ヒーローになる武器を自ら手に入れることは可能です。その武器とは、自分の才能であり、すでに私たちに備わっています。犬屋敷壱郎も最初は自分の武器に慣れず、使いこなすまでに失敗を繰り返しています。

私たちの才能も同じで、すぐに開花するものではないかもしれません。まずは、才能を使ってみる。そうすると、使いこなせるようになります。この段階で、私たちは凡人から脱する手段を手に入れたことになるのです。

価値はXとYがぶつかることで生まれる

才能を価値にした島田紳助さん

才能を価値にするとはどういうことでしょうか。

現在、才能を価値にできていないとすれば、残念ながら、才能そのものでは価値がないか、価値を提供する相手を間違っています。

選ばれた人の集まりといえそうなのが、芸能界ですが、すべての人が先天的な才能で成功しているわけではありません。


一発屋と長期間にわたって人気のある芸人の違いを、島田紳助さんが語っています。

2007年にNSC（吉本総合芸術学院）での特別講義で、紳助さんは、売れる公式として、「X+Y」でものを考えろと言っています。Xとは自分の才能のことで、Yは世の中の流れとしたとき、XとYがぶつかって成功につながるという話をしています。

一発屋は、Xにこだわるあまり、時代の流れであるYを無視しています。だから、交通事故のように偶然にYとぶつかって人気者になることがあっても、長続きをしないというのが紳助さんの見立てです。長期間にわたって人気がある芸人は、自分のXとYを持っていると言います。

だから、「自分にしかできない笑い」「新しい笑い」を目指す芸人を紳助さんは一刀両断しています。なぜなら、お客さまが不在だからです。

誰をターゲットにするのか？

もちろん、才能そのものが時代をつくることもあります。しかし、それは再現性がないし、宮沢賢治やゴッホのように没後に評価が上がるようなことが珍しくありません。それでもあなたが自分らしさを追求するなら止めはしませんが、成功の確率は高いとはいえません。

紳助さんが漫才のスタイルを確立するとき、最初に「どんな人を笑わせたいのか」と考えたと言います。ターゲットは男性。テレビでの人気者になり、女性に人気が出てもターゲットは男性であることを変えませんでした。だからこそ、不良崩れの悪役というキャラクターを思いついたのです。

特別講義の中では、ほとんどの芸人には才能がないとしながらも、M-1グランプリの決勝に残る方法を伝授しています。その方法は、2分間という時間を最大限に活用することです。

そして、意識するのはお客さまではなく審査員です。プロの審査員でも、1日に相当数の漫才を見ているので疲れもあります。そこで、インパクトがあり、わかりやすく、衣装で差別化する方法を提案しています。普段の芸を見せるのではなく、M-1用のネタを用意するということが紳助さんのアドバイスでした。

紳助さんの考えをサラリーマンの仕事に置き換えるなら、Yとは時代や世間ではなく、職場のことです。職場に才能を提供することで成功につながります。

だから自己啓発セミナーに出て、「意識が高い」とホメられたところで成功につながらないことがわかるでしょう。

ほとんどの成功法則が機能しない理由は、Xにばかり焦点が当たり、Yを意識していないからです。

「自分の強みは？」「自分らしさとは？」――こうした質問の先に、誰に何を提供するのかを明確にしなければ、独りよがりで終わります。


カリスマ経営コンサルタントの船井幸雄さんも、成功のコツの1つに「時流適応」を挙げています。

成功は人がお金を支払ってくれることによって生み出されます。成功とは人がもたらしてくれるものなのです。

だから、価値とは、あなたの才能と人や社会が求めるものがぶつかったときに起こるのです。

成功者が実践している「提供の法則」

儲かっている企業の共通点

儲かっている企業に共通していることがあります。
それは、人が欲しいものを提供しているということです。
ユニクロは、安価で高品質な衣料品を提供しています。
ソフトバンクは、携帯電話やインターネットの通話料を下げて提供しました。
H.I.S.はお手頃価格の海外旅行を提供しました。
成功している企業の経営者は、人が欲しいものが何かを理解し、それを提供することで成功しているのです。

一方で、業績が下降している企業は、商品やサービスの改良が進まず、人が欲しいものでなくなり、割高感のある価格設定になってしまっています。
もちろん、安売りを推奨しているわけではありません。売れないからという理由で値引きをした商品が売れるわけではないでしょう。

高級時計、高級車、高級食材、高級レストランでも成功している企業はあります。それらに共通するのも、「人が欲しいものを欲しい条件で提供している」ということでしょう。高級でも高すぎるものは売れません。

ごく当たり前のことを言っているようですが、実際に人が欲しいものを提供している企業は多くはありません。かつて人が欲しいものを提供できていても、人が欲しいと思わなくなった段階で、企業の凋落が始まります。

『起業の科学』（田所雅之、日経ＢＰ）にも、「スタートアップの生死を分けるのは、Product Market Fit（ＰＭＦ：市場で顧客から熱狂的に愛される製品のこと）を達成できるかできないかだ」とあります。

アイデアではなく、人を見る

ビジネスのアイデアは、「儲かるアイデア」「ニッチなアイデア」「最先端技術を使ったアイデア」「社会貢献につながるアイデア」など、さまざまな切り口があります。

技術力、製品力などが優れていても、人が欲しいものに変換できなければ、ビジネスは軌道に乗りません。

成功したければ、見るべきは技術や製品ではなく、それを欲しいと思う人です。

アルナーチャラム・ムルガナンダムさんは、愛する妻が生理のときに、不衛生な布を使っていることに気づき、愕然とします。当時のインドでの生理用品は高額で庶民には手が出ません。そこで、彼は、安く生理用ナプキンを製造できる機械を発明したのです。そして、2014年には、『TIME』誌の「世界で最も影響力のある100人」に選ばれており、映画『パッドマン　5億人の女性を救った男』のモデルになっています。

簡単に話をしましたが、アルナーチャラム・ムルガナンダムさんは、エンジニアではありません。妻の姿の後ろに多くの女性の持つ課題を見つけて、それを解決する方法を考えたのです。

このときに、課題ではなく、自分の技術の範囲で作れるものにフォーカスをしていたとしたら、これほどの品質の製品は作れなかったでしょう。

欲しいものは形あるものだけではない

月間利用者が5400万人（2019年）を突破しているモンスターサイトの「クックパッド」。この数字は、おおよそ日本の女性のほぼ全員が何らかのアクセスをしていると考えられる数字です。

創業者の佐野陽光《あきみつ》さんは、3つの仮説を立てていました。

・料理は人を笑顔にする
・料理は食べるとなくなるから写真を残しておきたい
・料理をつくって人にホメられたい

まさに仮説は的中し、またたく間に人気サイトになりました。レシピを載せたい料理自慢と献立に困っている人をマッチングさせるというアイデアは、人が求めるものだったからです。

テキストによる情報でなく、画像を多用してわかりやすいサイト構成は、多くの人に支持されました。

しかし、収益化まで数年を要しています。

最初のマネタイズ案である有料会員制は、賛同を得られず、廃止しています。当初の段階では、会費を払ってまで欲しいと思う人が少なかったということでしょう。

次のマネタイズ案は広告でした。莫大な数の女性がアクセスするため、女性向けの広告を掲載すれば、収益が上がりそうですが、佐野さんは、広告掲載には慎重になっています。レシピサイトを訪問したユーザーは、アパレルの広告を見たいと思わないからです。

広告は料理の関連するものに絞り、広告主の食材を使ったレシピコンテストの企画など、ユーザーが見たいと思う広告を展開することで、収益は一気に高まります。

もし、アクセスが多くなった段階で、料理に関係のない女性向けの広告を掲載していたら、一時的な収益は確保できたかもしれませんが、現在のような大成功はなかったかもしれません。

企業でも、芸能人でも、スポーツ選手でも、成功している人は、「人が求めるものを提供している」という共通点があります。

「提供の法則」

成功している企業や人は、人が欲しいものを提供しています。より多くの人に提供するほど、成功の度合いも大きくなります。これを「提供の法則」と名づけたいと思います。法則としたのは、例外がないからです。

「提供の法則」には、次の2つの法則が存在すると思われます。

第1法則　人が欲しいものを欲しい条件で提供すれば成功する
第2法則　欲しい人が増えるほど、成功の度合いが大きくなる

人が欲しいものを提供することが、提供する側の喜びになるなら、その仕事は天職であり、長く発展をすることができます。

提供の法則を活用して得られるものは、信用です。

資本主義社会では、信用がお金に変わります。

・チャンスで打ってくれると信用されるプロ野球選手の年俸は高額です
・品質を信用されているから買ってもらえます
・おいしいと信用できるので飲食店に入ります
・成長が信用されている企業は上場できます
・売り上げを上げてくれる営業マンは社長に信用されるので給料が上がります

人が欲しいものを提供し、信用を得ることで必ず成功します。あらゆる仕事や人間関係において、信用を積み重ねる以外に成功の法則はありません。逆に、信用を失えば、お金も失ってしまいます。

業績予想を下方修正した企業は、信用をなくし、株価を下げます。嘘をつく人は成功できません。

提供の法則で、人が欲しいものを欲しい条件で提供し、信用を重ねましょう。
「提供の法則」こそが、あなたの才能を価値にするのです。

提供する価値はどう測定する？

そもそも人は何が欲しいのか？

先ほど西野亮廣さんがダンボールの切れはしを100円で売った話をしました（66ページ）。

では、私が同じことをすれば100円で買う人がいるかと言えば、少々疑問です。西野さんから買ったからネタになるわけで、おそらく、私から買ってもネタにはなりません。

どんな業界でも売れているものと売れていないものがあります。

この違いはどこから生まれるのでしょうか？　ここを知っているかどうかで人生は大きく違ってきます。

マーケティングのセオリーでは、モノを売るのではなく、体験を売れと言われます。

1客8000円の紅茶カップセットがあります。単に店員さんから「とてもいい品なのですよ」と言われたとして、あなたは買うでしょうか？

しかし、「人生の最後の紅茶をどんなカップで飲みたいですか？　あなたは「人生最後

の紅茶をこのカップで飲みたい！」と思えるカップを持っていますか？　私は持っていま
す」と言われればいかがでしょう？
紅茶が好きな人にとっては、この紅茶カップは単なる紅茶カップではなくなります。人
生最後の紅茶を楽しむカップになるのです（参考：小阪裕司『招客招福の法則』、日本経済新聞社）。

人生最後の紅茶を飲むカップを持っている人生と持っていない人生。人は何かにお金を払ったあとの変化を購入しているのです。

価値とは変化です。お客さんは、自分の未来にお金を払うのです。ですから、あなたが何かをすることで、相手の変化が大きいほど価値も大きくなるのです。

人が欲しいものは未来への変化なのです。

価値の前提条件

行動経済学のプロスペクト理論では、人は得をすることよりも、損をすることに敏感であるという調査結果が出ています。

たとえば、夜中に友だちから「自転車をあげるから取りに来ない？」と電話があったと

しましょう。寝ていたあなたは「明日にしてくれ」と言うでしょう。しかし、警察からの電話で、「マンションの駐輪場に停めている自転車が盗まれました。見つけて保管していますので、取りに来てください」と言われれば、起きて取りに行くでしょう。自転車1台という経済価値は同じでも、行動への動機は違います。

得をするよりも損をしないほうが強い動機になるとしたら、「疑い」は大きな壁になるでしょう。少しでも損をする可能性があれば、人は購入をためらいます。

この点は人間関係にも共通していて、損をさせられそうな人物を避ける傾向にあります。ですから、あなたが人に価値を提供しようと思うなら、前提条件として、あなたが損をさせそうにない人物であることが重要です。

実際の才能はどうであれ、背筋を伸ばして笑顔ではっきりした口調で話す人と猫背でボソボソと話す人では、前者の才能が高く評価されがちです。「人は見た目が9割」というのはあながち間違いではありません。

美人は得をするとお話ししたように、自信がありそうな態度でいると自信がついてきます。

小売店で「売れ筋です！」と書いた商品が売れるのと同じで、「才能があります」という振る舞いをすることがとても重要なのです。

価値が大きくなるサイクル

前提条件として、あなたがあなたの才能に自信を持たなければ、相手には伝わりません。しかし、価値の問題は、それだけでは不十分だということです。

人が何かを買うときには、それが欲しいと思わなければならないということです。つまりは、相手にあなたの価値を感じてもらわないといけないということです。

では、人はどんなときに価値を感じるのでしょうか？

それは、次の2つのパターンになります。

1　問題解決
2　幸福体験

モノであれ、サービスであれ、それを手にすることで、自分の未来の問題が解決できるか、幸福が手に入ると確信できれば、人は価値を感じるのです。

価値とは、問題解決か幸福体験です。ですから、あなたが仕事を通して、誰かの問題を解決するか、幸福にするのかがあなたの価値のスタートラインになります。

もちろん、スタートラインでは、誰もあなたのことを知りません。そこで、価値を数値化します。価値を数値化する方法は、39ページを復習してください。

さらに、数値化した価値を大きくする方法は、価値を感じてくれた人に紹介をしていただくということです。

通販では、セールスに必ずお客さまの声が採用されています。この理由は、価値の訴求において最も有効だからです。紹介してくれる人が多くなるほど、あなたの価値は上がります。

昨今、流行のSNSはあなたの価値を上げることに有効に作用します。単純にフォロワーが多いだけで価値があると思われますし、フォロワーがシェアをしてくれるたびに、あなたの価値も上がります。

自分を売り込もう

昨今、会社に依存しないブランド人になろうと啓蒙活動をしている人が増えました。

確かに、リストラなどで職を失ったサラリーマンはいるでしょうし、ほかに行くところがないので、ブラック企業で仕事をしているサラリーマンもいるでしょう。

マスコミの情報は、小さなことを大きくする作用があるので、「これからはまずい時代ですよ」という心配をしているかもしれません。

こうした懸念は以前からあり、トム・ピーターズの『ブランド人になれ！』（CCCメディアハウス）が日本で発売されたのは2000年です。

しかし、多くのサラリーマンは失業していませんし、ブラック企業も会社全体数から見れば少数でしょう。

要は、この20年間は、別にブランド人にならなくても生き残れたわけですが、これからは事情が違います。

AI（人工知能）という脅威が現実のものとなった以上、作業レベルの仕事はなくなってしまう可能性があります。

AIにできないこと、ブランド人でない人にできないことは、自分の価値を自分で算定し、売り込むということです。

自分の才能に気づき、自分を高く売りましょう。

あなたの才能を活かす職場と仕事

どこで才能を価値に変えるのか？

才能とは、「あなたができること全部」だとお話をしました。できることは才能に間違いはないのですが、お金を払ってもらえる才能になると、少し絞り込みが必要です。お金を払ってもらえる才能とは、仕事にするということです。

単純な話、価値のある仕事をすれば、お金をたくさんもらえますし、称賛もされます。

問題は、才能をどう価値にするのかがわかりにくいことと、自分では価値があると思っているのに、価値を認めてもらえない場合でしょう。この状態は、がんばりが報われないのでしんどいですね。

ここからは仕事における才能について考えます。

結論から言いますと、次の通りです。

仕事における才能＝性格×得意な仕事（才能）

最初に考慮するべきは、あなたの性格です。性格について考えるのは、イヤなことでは才能が発揮できないからです。砂に花を植えても、芽が出ないのと同じですね。あなたの才能が価値になりやすい場所や仕事のスタイルがあります。

性格を考慮するもう1つの理由は、才能は性格の影響を受けるからです。集団行動が苦手な性格の人は、野球やサッカーよりも個人競技に才能を発揮します。変化が苦手な性格の人はものづくりに向いているし、変化したい人は営業に向いているというように、才能とは性格の表れでもあるのです。

あなたに合っている組織とは?

まず、あなたはどんな組織で仕事をすることに向いていると感じているでしょう?

1 大きな組織
2 小さな組織
3 自分でつくった組織
4 組織では無理(フリーランス)

自分に合っている組織を選んでください。よくある性格診断は無視してもらうほうがいいでしょう。自分でどう思うかが重要です。

私の場合は、新卒で比較的大きな組織1000名の印刷会社に入社しました。倒産の危険性は低いし、給与水準も高く、福利厚生も充実していました。一方で優秀な人が多く、組織内の出世競争は激しく私は脱落組でした。もう一点、大きな組織では、活躍が目立ちにくいという特徴があったと感じます。

その会社に数年勤めてから私は小さな組織に転職をしました。こちらは、労働環境はよいとはいえませんでしたが、人材のレベルは高くなかったので、出世競争には勝つことができました。

小さな組織のほうが活躍は目立ちますが、評価基準があいまいで社長の感覚や好き嫌いで物事が決まってしまうことがあります。この点に不満があり、誰かの下で仕事をすることに向いていないと感じました。

次に独立をして会社を設立しましたが、まったく人を上手に使うことができず、現在は1人会社で仕事をしています。私の自分に対する結論は、組織での仕事は無理ということでした。

自分に向いている組織を選ぶのは、チームプレーを重視するのか、個人技を重視するのかで考えていただいても、傾向がわかると思います。

あなたの仕事のスタイルは？

才能を価値にするためには、あなたの仕事のスタイルに合った組織を選ぶことも重要です。

たとえば、営業という仕事にしても、会社によってスタイルが違います。

プッシュ型のセールスが評価される会社もあれば、ルートを回ってお客さまの要望をお聞きするセールスもあります。新規開拓を喜びとする営業マンには、ルートセールスはやりがいを感じにくいかもしれません。逆にお客さまに寄り添う営業をしたい人は、契約を優先する組織ではストレスが大きくなるでしょう。

自分の仕事のスタイルとは、次の２つのパターンに分かれます。

1　リスクを取っても大きなリターンを求める

2　リスクを少なくして、それなりのリターンを得たい

中には、リスクを最小にしてリターンを得たいという人もいるかもしれませんね。その

人は、成功すれば大きな評価が得られるけれど、失敗すれば出世が遅れるというプロジェクトをまかされたときに、自分が受けるのか、断るのかで判断すると自分のスタイルがわかると思います。

仕事を10に分類する

次は具体的な仕事について考えます。

世の中に職業はたくさんありますが、仕事に分類するとそんなに無数になることはありません。

仕事とは、依頼者がいて対価が発生することを言います。この点から、私は、仕事は10に分類されると考えています。

会社は何をするところかというと、利益を得るために、ものをつくるかサービスをするか、売るという行為をします。組織が大きくなれば、組織

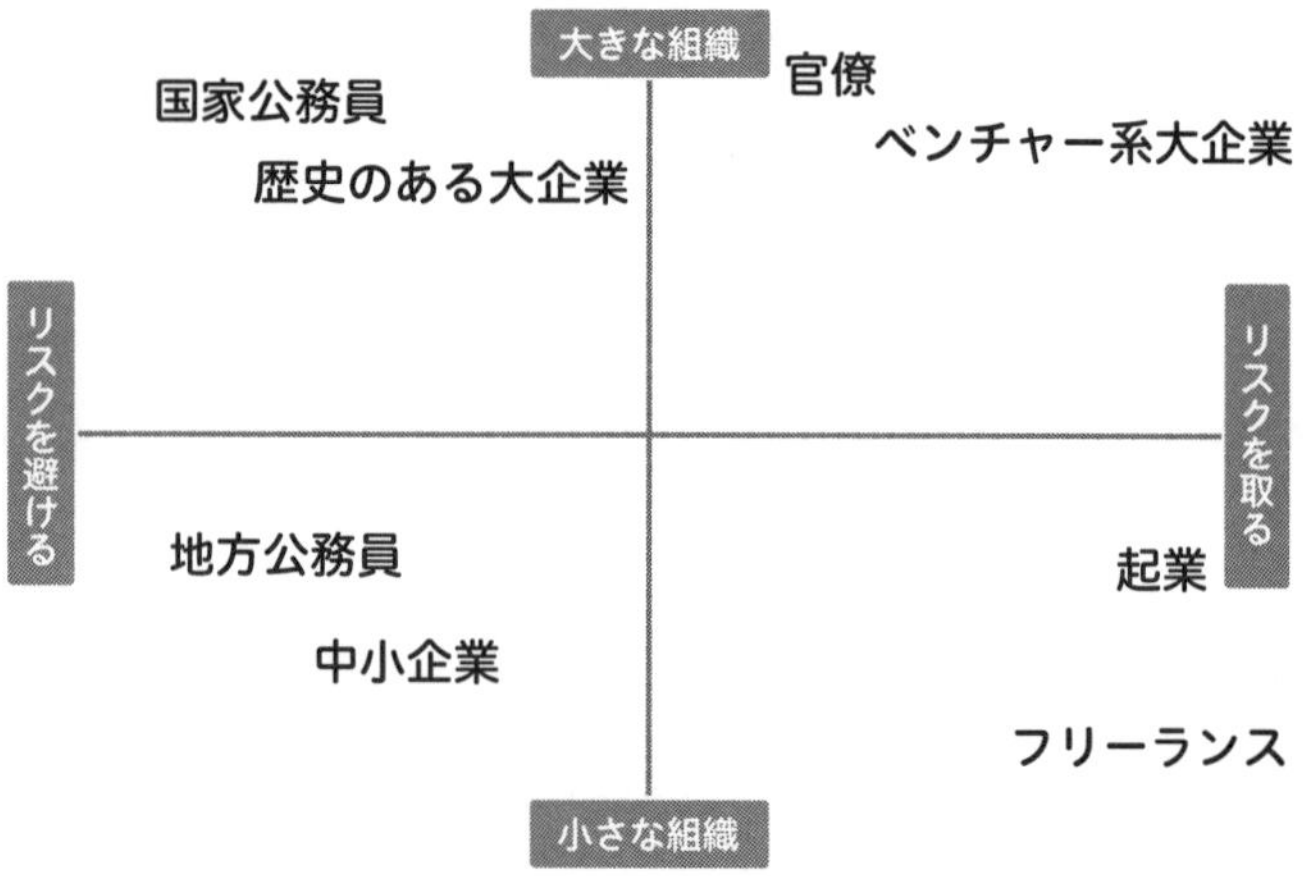

を管理する仕事が発生します。また、新商品やサービスを開発するために、市場を分析する仕事が必要です。開発系の企業では新製品のネタを発見し、製品になるように発明も必要でしょう。

何を発見し、何を開発するのかという方向性を決めるのは企画する仕事です。

忙しい人が増えれば、自分でできないことも増えるので、代行をすることも仕事になります。

昨今は、情報が氾濫しており、人々を混乱させているので「伝える」という仕事もあります。

自分の体や感覚を表現することができれば、スポーツや芸術の分野で仕事を得ることもできます。

あくまで、私の考えかもしれませんが、仕事は次の10に分類できると考えています。

1　つくる
2　サービスする
3　売る
4　マネジメントをする

5　分析する
6　伝達する
7　企画する
8　発見・発明をする
9　表現する（身体・感覚）
10　代行する

仕事であなたの才能を価値にするためには、10の仕事の中から、才能を活かしやすい仕事を選べばいいということになります。

なぜ、才能本はあなたの才能を開花させなかったのか？

成功する方法や才能に関する本、診断テストが数多くあるのに、なぜ才能を活かして成功している人が少ないのでしょう？

この奇妙な現象が起こる理由を田坂広志さんが『知性を磨く』（光文社新書）で説明しています。

その理由とは、「知識を学んで知恵をつかんだと錯覚する病」がまん延しているからだと言います。知識とは、言葉で表せるもので書物から学ぶことができる。知恵とは言葉で表せないもので、経験からしかつかめないもの。知識は、答えのある問いの正解を見つけ出す能力のことであり、知性は答えのない問いを問いつづけることとあります。

知性の本質が知恵であると田坂さんは語っています。この話は現実になり、私たちに迫っています。知識はＡＩに代替されますが、知恵は代替できないということです。

答えのない問いの答えは、自分なりに出すしかありません。それが正解かどうかは、自分の人生が示してくれるでしょう。

逆に、知識やノウハウに自分の人生を委ねることは、知性を放棄することになりかねません。

野球の入門書を読んだだけで野球がうまくなると思う人はいないでしょう。音感があるからといって、人の心を捉える歌が歌えるわけではありません。

しかし、自分の才能を診断した結果がそのまま成功につながると錯覚するのは、タネを植えて水をやるのを忘れている状態です。

世の中にある成功や才能に関する本や診断が間違っているとは思いません。しかし、商業主義に走るあまり、簡単便利、誰でもの宣伝文句が、私たちを病にかけるのです。

この本は、あなたの才能を価値にする方法を示したものですが、そのままやればいいというものではありません。あなた自身が自分について考えることが必要になります。本書でご提案をするガイドラインを参考に、最終的にはあなたの知恵が重要になります。

こうした話をすると、「使えない本」という批判を浴びるかもしれません。アマゾンには、「こんなことは当たり前」「誰でも知っている」という書評が数多く掲載されています。しかし、知っているのに、成功をしていないことが大問題なのです。つまり、本を書くことができる人と批評をするだけの人は、知識と知恵について大きな開きがあるということです。

あなたはどんな仕事に向いているのか？

どんなに才能があっても、仕事にできなかったり、価値を生むレベルに達していなければ、お金をいただくことはできません。ですから、仕事（やビジネス）で価値を生むために知っておかなければならないことがあります。

まずは、仕事において「頭がいい」と言われるとはどういうことか？『地頭力を鍛える』（細谷功、東洋経済新報社）にある説明に説得力があります。

1　なんでもよく知っている物知りの人
2　対人感受性に優れて機転のきく人
3　数学の問題やパズルが得意な考える力のある人

1の知識だけでは価値を生むことはできません。しかし、知識は知恵の源泉ですから、知識が多いことが悪いことではありません。ただし、答えのない問いを問うために、本書では、3の地頭力が重要であるといい、フェルミ推定を使って、地頭力を鍛える方法が紹介されています。もちろん、世の中には、対人スキルの才能を活かして仕事をすることもできます。

次に、「プロ経営者」と呼ばれる樋口泰行さんが、『僕が「プロ経営者」になれた理由』（日本経済新聞出版社）の中で、事業には2つのステージがあると紹介しています。「ストラテジー（戦略）」と「エクスキューション（実行）」であり、マイクロソフトのソフトウエアは、直接材料費はかからなくても、研究開発に莫大な費用がかかります。

つまり、前者のストラテジーが重要になります。一方で、ダイエーのようなコモデティ化した商品の小売りなどでは、後者の実行力が重要になるということです(樋口さんはダイエーとマイクロソフトの両方の経営者でした)。

昨今の変化の激しい環境では、両方の資質を備える必要があると樋口さんは説きます。とはいえ、双方がバランスよく備わっている人はまれで、片方の才能を活かしながら、もう片方を取り入れていくことになります。

ストラテジーとは地頭力につながり、エクスキューションは対人感受性につながります。まずは、あなたの才能がどちらにあるのかを考えつつ、次のチャートで自分に向いている仕事を見つけてください。


どのような組織で、どの才能を活かせばいいのかというめどがついたでしょうか?

次章では、あなたの才能を活かす具体的な方法についてお話をします。

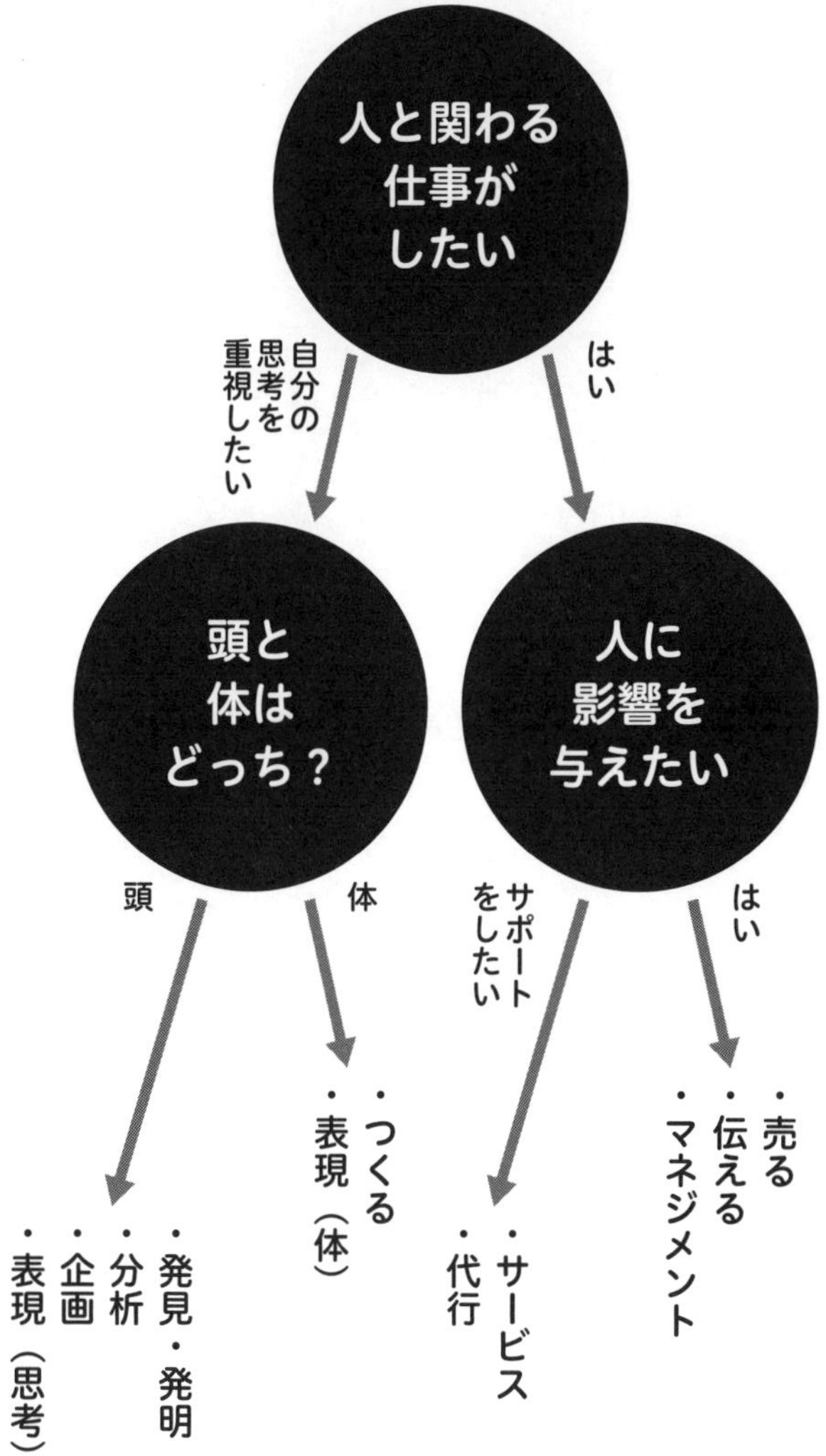
人と関わる仕事がしたい
自分の思考を重視したい
はい
頭と体はどっち？
人に影響を与えたい
頭
体
サポートをしたい
はい
・発見・発明
・分析
・企画
・表現（思考）
・つくる
・表現（体）
・サービス
・代行
・売る
・伝える
・マネジメント

才能を価値に変える方法

おさらい　――才能を価値に変える方法

次章では、あなたの才能を価値に変えるための具体的な事例を紹介します。

いったん、ここまでの話のまとめとして、才能を価値に変える流れをおさらいしておきましょう。

まずは、次のことを理解してください。

1　才能は誰にでもある
2　価値とは問題解決か幸福体験である
3　才能を数値化すれば、価値が大きくなる
4　才能を活かす組織と殺す組織がある
5　仕事は10に分類される。あなたの才能が活きる分野を間違えないようにする

以上を理解していただき、次の5つのステップで、才能を価値に変えていきます。

ステップ1　10の仕事から才能を活かせる仕事を選ぶ
ステップ2　提供できる価値（問題解決・幸福体験）を考える
ステップ3　価値を数値化する
ステップ4　自分を売る
ステップ5　才能を活かす組織を選ぶ

このように考えれば、最低でもあなたの才能を価値ある仕事にするパターンは60になります。

才能が活きる職業

1. つくる
2. サービスをする
3. 売る
4. マネジメントする
5. 分析する
6. 伝達する
7. 企画する
8. 発見・開発・発明をする
9. 表現する
10. 代行する

×

幸福体験

1. 快適体験
2. 問題解決

×

数値化

1. 総数
2. 前後の差
3. 少ない数

10×2×3＝60パターン

問題解決と幸福体験の具体例

問題解決	痛みから逃れたい
	世の中に後れをとりたくない
	娯楽を楽しみたい
	コンプレックスを解消したい
	手間を省きたい
	時間を作りたい
	罪悪感をなくしたい
	バカにした人を見返したい
	貧困から脱したい
	恥をかきたくない
幸福体験	人生を楽しみたい
	長生きしたい
	若く見られたい
	性的に交わりたい
	他人に勝りたい
	人を愛したい
	愛する人を守りたい
	社会的に認められたい
	情報が欲しい
	好奇心を満たしたい
	効率的でありたい
	便利に生活したい
	こだわりを示したい
	質のよいものが欲しい
	高いものを安く買いたい
	美しくいたい
	流行を取り入れたい
	お金を稼ぎたい
	幸運に恵まれたい
	自分を表現したい
	共感してほしい

優秀なサラリーマン、優秀な経営者とは？

補足として、才能を価値にするにあたっての注意点をお話しします。それは、サラリーマンと独立した人では価値の提供先が異なるということです。

独立した人であれば、お客さまに価値を提供すればいいのですが、サラリーマンの場合、お客さまだけでなく、あなたの評価者である上司に価値を提供する必要があります。

あなたが経営者の側なのか、従業員の側なのかはわかりませんが、双方は利害が対立します。経営者は給料以上の働きを望み、従業員は働き以上の報酬を望みます。

優秀なサラリーマンは、自分が求められていることがわかるので、グチを言わずに、まずは上司に評価される仕事をします。ですから、居酒屋でグチを言うことの愚かさがわかるでしょう。厳しい言い方ですが、こうした人はこの先も才能を活かすことがないでしょう。

また、経営者の側にも問題があります。

「成果を出したらいくらでも給料を上げる」と言ってしまうことです。こんな話を信じる従業員はいません。

「何をすればどうなるのか」を明確に示し、信賞必罰をはっきりとさせておくことが大切でしょう。

優秀なサラリーマン、優秀な経営者に共通するのは、相手を信じても過度な期待をしないということです。

あなたが期待するのは、あなたの才能に対してなのです。


50歳くらいで仕事がなくなり、やっている仕事が給料に見合っていないという批判を受ける中高年のサラリーマンが増えています。

「これまでがんばってきたのだから、給料をもらう資格がある」という主張もあるようですが、大きな間違いでしょう。

どんなときでも、仕事と報酬は釣り合うべきものです。不釣り合いな給料をもらっているとしたら、誰かに負担をかけていることになります。それが、若手社員だとしたら、批判されるのは当然です。まして、そんな仕事をしていると、転職はもちろん、独立をすることなどできません。

中高年こそ、これまでの貯金（そんなものはありませんが）、自分の才能を価値に変えていただきたいと思うのです。

第3章

〈事例〉才能を価値に変える10の方法

「つくる」才能を価値に変える方法

つくる才能とは何か？

料理、建築、服、機械、電化製品、メガネ、靴など。

世の中に「つくる」仕事はたくさんあります。それぞれでつくっているものは違います。中には、「チームをつくる」という「もの」でないものをつくる仕事もあります。

つくるには、「作る」「造る」「創る」といろいろな漢字が使われますが、ここでは総称して「つくる」で話を進めたいと思います。というのは、「つくる」ことで価値を提供することに共通点があると考えるからです。

つくることを仕事にしている人は、まず、「つくるとは何か？」について考えるといいでしょう。

インターネット上の辞書「デジタル大辞泉」で「つくる」を調べると次のようにあります。

・ある力を働かせて、新しい物事・状態を生みだす。まとまった形のあるものにする。

・材料・原料・素材などを用いたり、それに手を加えたりして、まとまりのあるものや意味のあるものに仕上げる。

つまり、「つくるとは、新しい意味のある形にすること」だといえそうです。

奥山清行さんはフェラーリのデザイナーとして有名ですが、独立後は故郷の山形で、工業製品のデザインの仕事をしています。

奥山さんは著書『フェラーリと鉄瓶』（ＰＨＰ研究所）の中で、「イタリアでフェラーリをつくるのも、山形で工業製品をつくるのも根本は同じだ」と言っています。その根本とは、未来のお客さんのためにアイデアを出すということです。

また、奥山さんは、「お客さんのためにアイデアを出し、スケッチを描き、職人さんたちとものをつくる過程において、つくり手の顔や地域の文化や歴史、そこから生まれた思想を盛り込んでいくことを心がけている」と語っています。

お客さまの喜び、つくり手の顔、地域の文化や歴史、そして思想、これらが「意味」となります。

奥山さんのものづくりは、職人の技を活かす「カロッツェリア型」を推奨しています。カロッツェリアとは、イタリア語で、特別注文で馬車や自動車の車体をデザイン・製造する業者のことを言います。

だから、大量生産のアメリカや日本の自動車メーカーとは違う、フェラーリという車がデザインされているのでしょう。

新しい意味の形とは何か?

ここで、「意味」について考えたいと思います。

意味とは、物事を示す言葉のことですが、次の2つに分類できると思います。

1 共通の理解を促進する言葉
2 その人にとって重要なこと

だから、つくることにおいても、広く受け入れられる物事をつくる場合と、特定の人にとって重要な物事をつくる場合があります。

前者は大量生産、後者は少量生産でつくられます。

この2つは、つくるプロセスや考え方、開発にかける人員や設備が違います。それぞれ、少量生産であることのメリット、大量生産をすることのメリットがあります。

それでも、「ものをつくる意味」は共通しています。

一般的には少量生産は付加価値を持ち、大量生産は価格メリットを打ち出します。

しかし、この図式は必ずしも正解にはなりません。

たとえば、住宅の場合、大工さんがつくる家と住宅メーカーのつくる家は、つくる工程がまったく違います。

大工さんは手作業でしかつくれない技術が必要であり、住宅メーカーは同じ品質の家を数多くつくってこそ、メリットがあります。

本質的には大工さんの家が付加価値の高いはずですが、大量生産の住宅メーカーの家が安いとは限りません。大工さんの仕事が大規模な設備を必要としない低価格の住宅をつくるものであるなら、その仕事はロボットの発展によりなくなっていくでしょう。


アパレルでも、オートクチュール（高級注文服）は高価ですが、プレタポルテ（高級既製服）という製品もあります。逆に既製品のスーツよりも低価格のオーダーメイドスーツもあります。

ユニクロは、大量生産の象徴のような会社ですが、低価格だけを売りにしているわけではありません。

企業理念である「服を変え、常識を変え、世界を変えていく」にあるように、「本当に良い服」

を追求している企業です。

本来、大量生産をして価格を安くするべきものを手作業で行うので、コストが下げられないというのは設備の不足ですし、大量生産だから品質が劣るというのは、製造プロセスに問題があります。

すべてのものは人のためにつくられる

少量生産でも大量生産でも、大切なことはつくっているものに意味がこめられているかどうかだと思います。

この根底は、奥山さんの著書にある通り、「すべてのものは人のためにつくられる」ということだと思います。少量生産だから高い、大量生産だから安いという図式ではなく、使う人に提供する意味で価値が決まるのです。

あなたがつくる仕事をしているなら、どんな意味を提供しているかが成功の要因になるでしょう。

ものについて語りましたが、組織などのように「概念」をつくる場合も同じです。

学校をつくるにしても、その学校にどんな意味があるのかで集まる生徒は違います。公立学校が大量生産だとすれば、私立学校は、特定の生徒に向けた意味を提供してもかまわないのです。

お客さまの欲しいと思う意味を提供できたときに、あなたの価値が認められます。

あなたのものは、どんな意味を持ち、お客さまのどんな問題解決をするのか、どんな幸福体験を提供するのでしょうか？

つくる才能を数値化する

奥山さんの場合、フェラーリのデザイナーがつくった工業製品になると、ほかにないので数値は0です。

もし、ほかのフォラーリのデザイナーが工業製品をつくったとすると、奥山さんの価値は相対的に引き下げられます。誤解がないように言うと、現実の能力が引き下がるわけではありません。人が認識する価値が下がるのです。

だから、奥山さんがさらに大きな価値を生むためには、フェラーリのデザイナーであること以外の数値が必要になります。新しいものをデザインし、オリジナリティの高い0か「初めて」という1の数値を出しつづける限り、価値は上がりつづけます。

もちろん、あとからフェラーリのデザイナーが工業製品をつくっても二番煎じになります。フェラーリに限らず、メルセデスベンツでもプジョーのデザイナーであっても奥山さんの価値にはかないません。

ユニクロもファッションに限らず、服によってライフスタイルを提供しています。ヒートテックやエアリズム、ウルトラライトダウンといったヒット商品は、ファッション性ではなく、機能性を提供しました。

東レとの共同開発でかつてなかった素材（数値は0）というつくる価値を提供しています。また、2017年のプレスリリースでは、ヒートテックの販売数は10億枚になったとあります。圧倒的な数量もユニクロのものをつくる価値を高めています。

【事例】つくる×問題解決×1位

世の中には、実にたくさんの「もの」があります。
ところで、なぜものがつくられるのでしょうか？
もちろん、必要だからですよね。

必要なものが作られて売れる。問題を解決したり、より便利にする提案をすることで、ものが売れる。ときには、芸術のように人の心に訴えかけるものが売れる。

つくるとは、新しい意味の形だと言いました。ものには「意味」があります。その意味が深淵であるほど売れます。一方で、注意しなければならないのは、伝統工芸のように、つくり手にとっての意味が使う人に伝わらない場合は、ものが需要をなくします。

必要とされるものは、よりたくさん作られるようになります。すると、競合が現れ、品質や価格の競争になります。

こうなると、発注側には、どのメーカーの技術力が高いのかを判断できにくいという問題が起こります。

ここでは問題解決と「1位」の数値化事例を紹介します。

愛知県豊橋市にある樹研工業は、プラスチックの射出成形を行う会社です。この会社が世界的に有名なのは、世界で一番小さな歯車を開発したからです。社長の松浦元男さんは、その歯車を「何の役にも立たない」と言います。実際、注文はないようですが、技術力の高さの証明になります。世界一小さな歯車は必要なくても、世界一の技術力のある会社に発注したいものです。

技術力1位の数値化に成功したのは、岡野工業の岡野雅行さんも同じです。痛くない注射針の製造をすることで、有名な中小企業となり、年商は8億円となりました（しかし、技術力を継承する人材がおらず、廃業をしています）。この製品はほかの会社ではつくれないため、岡野さんの技術が1位になったのです。


印刷通販のパイオニア企業であるプリントパックは、営業マンを使わずにインターネットによる印刷発注システムと印刷物を付け合わせて作成する仕組みをつくることで、圧倒的な安さを実現しました。印刷物の付け合わせという考えは印刷業界では珍しい考えではありません。しかし、現実的ではないとどの会社も考えていました。ところが、プリントパックは、インターネットを使うことで、営業エリアを全国に拡大し、大量の注文を集めることで、無理だと言われていたビジネスモデルをつくったのです。

注文されたからとか、依頼されたからものをつくるというのは作業です。

ものづくりとは、そのものが何に使われて、どんな価値を提供しているのかを考えることが重要です。

つくる才能を価値に変えるワーク

あなたに「つくる」才能があるとして、どのように価値に変えればいいのかを考えてみます。

最低限は、あなたの「つくっているもの」が何に使われ、どんな意味があるのかを知っておくことが重要でしょう。そして、さらに、どんなことがあれば使う人のためになるのかを常に考えることで価値が生まれます。

あなたが提供できる価値に、1位になるなどの数値を付加することで、あなたの価値はさらに大きくなります。

会社員でつくる仕事をしている場合でも、ものづくりのラインで仕事をしているのか、完成品までを1人で担当しているのかで考えるポイントが違ってくるかもしれません。

生産ラインで仕事をしている場合は、ものの意味にまで言及できないこともあるでしょう。しかし、工程を見直すことでチャンスが生まれるかもしれません。

工場再建屋として名を馳せている山田日登志さんの著書『常識破りのものづくり』（日本放送出版協会）によると、ラインでものをつくっている場合、つくりすぎによる過剰在庫の問題を抱えることが多いようです。こうした場合、販売数を確認しながらものをつくることで、過剰な在庫を抑えることができます。

印刷業などの受注産業の場合、つくりすぎは起こりませんが、自社の生産能力を十分に発揮できずに、外部の協力会社に発注していることがあります。

ラインで仕事をしていても才能を価値にした人がいます。山田さんの著書の中には、ワープロの生産ラインで28名の分業で行われていたベルトコンベアー作業を撤去し、1人がすべての工程を受け持つ1人生産方式への変更したエピソードが紹介されています。この挑戦を最初に成し遂げたのは、桜井弘美さんという女性スタッフでした。組み立て、検査、箱詰めまでを1人で行う技は、家電量販店でのデモンストレーションをするまでになります。結果、桜井さんのデモを見るために、大勢の人が集まり、「あのお姉さんのつくったワープロが欲しい」という注文が入ったといいます。桜井さんも「つくる」才能を価値にした1人です。

桜井さんがお客さまに提供した意味では、「あのお姉さんがつくったワープロ」というものです。

ワーク 1

あなたは「つくる」ことでどんな意味を提供できますか？

あなたの意味を最も価値があると受け取る人は誰ですか？

あなたのつくる意味は、どんな問題解決、
幸福体験を提供できますか？

あなたの才能を能力にする数値は？

「サービスを提供する」才能を価値に変える方法

サービスとは情緒的価値を提供すること

サービスをするという仕事があります。人と接する仕事の多くがサービスを必要とします。製品の差別化が難しくなるほど、サービスによる差別化が有効になります。同じものでも、「あなたから買いたい」と言ってもらえるのが質の高いサービスです。さらには、「次もあなたから買いたい」と言われるのはもっと質の高いサービスです。

しかし、各社がサービスの重要性に気づくほど、競争は激しくなります。実際、価値につながるサービスと価値につながらないサービスがあると感じます。これをわかっているかどうかが大きなポイントになります。

たとえば、コンビニエンスストアのレジは、早くお金を受け取り、お釣りを返すことがサービスだと思っている店員さんが少なくありません。しかし、財布から小銭を探しているお客さまにすると、せかされている印象を受けます。これはいいサービスとはいえないでしょう。一方で、ファーストフード店で列が出ている状態で、お客さまと話し込んでいる店員は、並んでいるお客さまをイライラさせるでしょう。

サービスとは、お客さまを不快にさせないことが基本であり、心地よく利用していただくことなのです。

製品には、機能的価値があります。ここまでは製品の価値です。そこに、サービスにより情緒的価値をプラスすることで、利益を生みます。サービスとは情緒的価値を付加するということなのです。

サービスの基本は人がしてほしいことをしてあげること

サービスの才能を活かす場合は、サービスとは何かを考えるといいでしょう。

サービスとは、人が欲することをしてあげることだと言えます。

人は不安や不快になりたくありませんし、心地よくいたいと思っています。だから、不安を取り除き、相手に心地よくなってもらうことがサービスなのです。この場合の問題解決とは、問題を起こさないということであり、問題が起こったら速やかに対応するということです。

『一生使える接客サービスの基本』（三上ナナエ、大和出版）によるとお客さまに選ばれる人がやっていることは、「お客さまの不安や不満を取り除くことに努めている」ということだとあります。

まずは、不安や不満を取り除くことに注力し、その後に「おもてなし」による価値を提供するのです。

サービスの才能を活かすことができれば、次のことが実現します。

・購入をあと押しする
・高額製品を納得して購入してもらう
・リピートをしてもらう

おもてなしと気づかい

サービスを分類すると、「おもてなし」と「気づかい」に分かれます。

おもてなしとは、心のこもった待遇のことをいいます。株式会社おもてなし道のホームページには、おもてなしの語源は、「表裏なし」、つまり、表裏のない「心」でお客さまをお迎えすることだとあります。

また、「その方をお迎えするに当たり、心をこめて準備をする等目に見えない心を目に見えるものに表す。その為の努力や舞台裏は微塵も表に出さず、主張せず、もてなす相手に余計な気遣いをさせないことが、「おもてなし」の本質です」とある点からも、単に格式を高くする対応ではないことはわかります。

おもてなしには、気づかいが必須であり、気づかいには、人がどのように扱われたいのかを知ることが第一歩となります。

サービスの才能を価値にするとは、人の気持ちを知り、情緒的な価値を提供することだと言えそうです。

情緒的価値とは、サービスを受ける前後で、気持ちの変化が大きいほど、価値が高いと考えるといいでしょう。

高級ホテルで知られているリッツ・カールトンの日本支社長だった高野登さんの著書『リッツ・カールトン　一瞬で心が通う「言葉がけ」の習慣』(日本実業出版社)には、「おいしいものを提供する」だけでなく、「おいしくものを提供する」ことを考えようとあります。ウエイターやウエイトレスの仕事は料理をテーブルに運ぶ作業をすることではありません。おいしい料理をおいしく演出することが仕事なのです。

お客さまは単に食べ物を口に運ぶためにレストランに来ているわけではありません。特別な時間を過ごしたいと思っているのです。

サービスとはお客さまの心地よさを演出することで、情緒的な価値を生み出すのです。

【事例】サービス×幸福体験×割安感（金額）

飲食業の中で最も倒産しにくいと言われているのがスナックです。飲食店の場合、人件費と原価率を下げることが生き残りのポイントになるからです。

銀座や新地の高級クラブと違い、普通の人でも通いやすい料金のスナックで繁盛しているお店があります。

スナックはお店のお酒で飲むこともできますが、常連さんはボトルをキープします。スナックでボトルをキープするというのは当然のことのように思いますが、基本料金（「セット料金」といいます）で飲めるにもかかわらず、ボトルを入れるのは、コスパがいいとはいえません。しかも、市販されているウイスキーや焼酎を3倍の価格でキープするというのは、お酒を飲む行為だけを考えればかなり割高です。

それでもボトルをキープするのは、「このお店に通います」というサインであり、お店に通う理由はママの存在です。ちなみに、飲食店の場合、料理の原価率は30パーセントだと言われているので、3000円のお酒が1万円になっても不思議な話ではありません（念のため）。

スナックはクラブと違いママの存在で決まります。お店にも接客にもママの個性が表れます。

スナックでは女性を口説くという行為よりも、グチを聞いてもらって、説教をされて、カラオケを楽しむ――実はこれがスナックに通う娯楽の醍醐味ではないかと思います。

以前、友人が外国人をスナックに連れて行った際、お客さんの悩みごとを聞いて答えているママを見て、「彼女はカウンセラーか？」と言ったという話もあります。

料金が高ければ何度も通うことはできませんが、リーズナブルな料金設定のお店ほど繁盛します。

出張が多い仕事柄、私は全国のスナックに顔を出しますが、繁盛しているお店は例外なく良心的な料金で素敵なママがいます。

こうしたママはお客さんのことをしっかりと理解して、気づかいとおもてなしを提供しています。

スナックこそ、情緒的価値の典型だと思うのです。

サービスする才能を価値に変えるワーク

あなたに「サービス」の才能があるとして、どのように価値に変えればいいのかを考えてみます。

第一に考えるべきは、お客さんの不安や不満をキャッチするということです。実は、困っている人をサポートするというのは大きな価値になります。

不遜なたとえになるかもしれませんが、石ころにつまずいて転んだ人について考えてみましょう。つまずく前に「石がありますよ」と教えても「ありがとう」と言われて終わりです。しかし、つまずいて転んだ人に「大丈夫ですか?」と手を差し伸べればつまずく前に指摘するよりも感謝される度合いが大きくなります。

お客さんの不安や不満を察知して対応をする。次に、お客さんは何をしてほしいのかを察知する気づかいを提供する。「おもてなし」という大げさなものでなくても、サービスの才能を価値にすることはできるのです。

サービスとは能動的に「お客さまのため」を提供するだけではありません。

『サービスの天才たち』（野地秩嘉、新潮新書）には、高倉健さんが通ったバーバーショップや北海道を訪れる有名人御用達のタクシードライバーの接客が紹介されています。

本書を読むと、２人に共通するのは、お客さんが心底リラックスできる時間を提供するということだと感じます。高倉さんは、「安心してぐっすり眠れるんだ。刃物を持った人がそばにいるのに、ぐっすり眠ってしまうなんて不思議だね」と語っています。

タクシードライバーは、「お客さんの仕事を尋ねない」と言います。有名な人ほど、気を休めることができません。彼らは自分のことを話せば相手の反応が変わることを知っているのでしょう。だから、自分から仕事を聞かない。それもサービスなのです。

有名人がお客さまであるということは付加価値になります。逆に言えば、要求の高い人や難しいお客さまに対応することで、あなたのサービスの才能を大きくすることができるのです。

ワーク 2

あなたのサービスは、どんな情緒的価値を提供できますか？

あなたの情緒的価値を最も価値があると受け取る人は誰ですか？

あなたのサービスは、どんな問題解決、
幸福体験を提供できますか？

あなたの才能を能力にする数値は？

「売る」才能を価値に変える方法

売る才能とは利益の交換

売るとは、「営業」ということになるのですが、売れる営業マンと売れない営業マンでは、決定的な違いがあります。

それは、お客さまに何を提供しているのかということです。

営業の現場では、営業マンは売りに行っているし、お客さまは買うかどうかを検討します。このときに、お客さまは何を検討しているのでしょうか？

それは、買うことによる利益です。売るとは、ものやサービスを提供して、お客さまからお金を受け取ることだけではありません。お客さまにどんな利益を提供できるのかということが重要です。

お客さまは買うことによって、どんな利益を求めているのか。化粧品を売る場合は、成分や値段の前に、その化粧品を使うことでお客さまにどんな利益がもたらされるのかを伝えるべきでしょう。

それだけではありません。たとえ売れなくても、お客さまと共有した商談の時間にもお客さまの利益を提供するべきでしょう。

売るとは、利益の交換です。

相手に利益を提供するが、自分にも利益がないといけません。

売れる営業マンとは、商品やサービスそのものではなく、お客さんに満足を売る人のことです。値引きをするしか売る方法がない場合は、自分の才能を活かしきれていないと言えます。

「よい時間をすごすことができた」

これが売ることの第一歩です。

そう考えると、「お客をその気にさせる」「売れるセールストーク」のたぐいが無意味なことがわかるでしょう。

スペックとベネフィット

CPU：ARM 1176JZ（F）-S 412MHz
メモリ：LPDDR SDRAM 128MB
iOS：iPhone OS 1.0

これは初代のiPhoneのスペックです。スマートフォンとしては高機能でも、消費者にとっては理解ができません。

スティーブ・ジョブズはプレゼンテーションで、「アップルは電話を再発明する」「どんな携帯よりも賢く、超簡単に使える」と語りました。

スペックとは、商品やサービスの機能や仕様のことをいいます。

ベネフィットとは製品やサービスを利用してもらうことで、お客さまに提供できる価値のことをいいます。

つまり、売る才能とは、次の2つになります。

・お客さまが欲しい利益を感じ取る
・商品やサービスを通して提供できる価値を伝える

あなたは何を売っているのか？

売る才能を価値に変えるためには、自分が何を売っているのかを知るべきでしょう。

『花を売らない花売り娘の物語』（権八成樹、光文社）には、「花屋は何を売っているのでしょうか？　お客は花屋に何を買いに来ているのでしょうか？」という問いがあります。

お客さまには、花を買う目的があります。お見舞いの花かもしれませんし、部屋の出窓に飾りたいのかもしれませんし、何かの記念日かもしれませんし、男性の場合はプロポーズをするのかもしれません。

でも、お見舞いなら花でなく果物でもいいし、出窓には写真立てでもかまいませんし、記念日はレストランの食事でもいいし、プロポーズは指輪でもいいのです。

それでも、お客さまは花を求めたのです。

だから、花屋は、お客さま1人1人の想いを理解して、課題に対する解決策を提案することが求められます。

お客さまは花屋に希望を買いに来ているのです。

花屋はお客さまの想いを実現する仕事だとすれば、花を通して希望を提供しなければなりません。つまり、花屋は、お客さまの希望の購買代理人であるというのが本書の趣旨です。

お客それぞれの想いが違う以上、提供する花も違います。お客さまの想いに合う花を提案することが、花屋の価値になるのです。

お客さまは、あなたが売るものにどんな問題解決、幸福体験を期待しているのでしょうか？

生命保険はラストラブレター

生命保険は必要ではありますが、万が一のことを言われつづけると、あまりいい気はしません。また、すでにたいていの人は生命保険に加入しているので、営業マンが追加の契約を結ぶことは簡単ではありません。

しかし、「保険はなんのために入るのでしょうか？」という問いをもとに、新規契約をしている事例があります。

お客さま1人1人の想いを理解して、課題に対する解決策を提案する保険とは、自分のためでなく、愛する人たちのための保険です。

最愛の家族のために、「保険はラストラブレター」というメッセージがあります。

ライフネット生命は、保険商品を説明せずに、物語で保険の価値を伝えています。

『どうしてパパはカメムシになったの？』というインターネットで公開されている漫画で

は、カメムシになった父親が娘のために奮闘する姿が描かれています。ライフネット生命は、ストーリーを語ることで生命保険を売っているのです（泣けるので検索してみてください）。生命保険において、かけ金がいくらで、下りる保険料はいくらなのかということも重要でしょう。しかし、家族を愛する証としての保険という価値の伝え方もあるのです。

【事例】売る×快適体験×オンリー1

「売る才能とは利益の交換ができること」と言いました。実は、利益には値段がついているものとついていないものがあります。

値段がついているものとは、原価を積算して積み上げ、利益を上乗せして価格を設定するものです。

たとえば、印刷の価格は、紙代、版代、印刷代、製本代などの費用が計算できます。印刷する部数が多く、カラーで、ページ数が多い印刷物は印刷の原価が上がります。ですから、印刷会社は、本の印刷を受注する場合、ページ数が多くてカラーの本を受注できればうれしいわけです。印刷会社の製品は印刷物としての本になります。

出版社は、印刷物としての本を販売するのでなく、書かれている内容を販売します。印刷物として高価でも内容がお金を払うに満たないものであれば、価値はありません。逆に、印刷物として安くても、内容に価値があれば高く売ることができます。

この本の編集をしていただいた藤岡比左志さんは、かつて海外旅行のガイドブック『地球の歩き方』の発行元であるダイヤモンド・ビッグ社の社長を務めていました。

当初、この本は卒業旅行の参加特典として無料で配布されていました。社内では、書籍化して販売しようという意見も出ましたが、営業部は反対します。しかし、反対を押し切り販売に踏み切るとベストセラーになります。この段階で、無料の印刷物は有料の書籍になります。

藤岡さんの経営センスの中でも特筆するべきは、プライシングの考え方です。

2タイトルからスタートした『地球の歩き方』は、その後200タイトル以上になります。ハワイ、グアムなどは旅行者も多く、詳細な現地紹介が必要になるのでページ数も多くなります。いわばマス媒体です。一方で旅行者が少ない国はページ数も少なくニッチな媒体になります。

印刷物の常識から考えればページ数の多い本の値段が上がります。藤岡さんは逆転の発想で、ライバルの多いマス媒体をページ数が多くても価格を安くして、ライバルのいないニッチな媒体の価格を上げたのです。マス媒体は販売数も多いため印刷部数を増やすことでコストを下げて、ニッチ媒体の価格を上げることで利益を出すことに成功したのです。

社会人ではなく、時間のある学生にとって快適な旅の案内をして、さらに普通の人が行かないけれど自分は行きたいという国を紹介するという「自分に合う」という価値を提供することで、本のプライシングに違う発想をもたらしました。


もう1社、出版業界の常識を変えたのが、ダイレクト出版です。ダイレクト出版は書店で販売していないにもかかわらず、3000円、4000円といった高額な本を1万部以上売ります。

その理由は、書籍のオリジナリティと会員制のビジネスモデルです。

商品は、日本で販売されていないマーケティングや経営関連の翻訳書籍です。ターゲットを中小企業の経営者、フリーランスのビジネスマンに絞り、彼らが欲しい情報が書かれた本をセレクトし、年間契約で毎月1冊の本を届けます。

書店に並べて売れるかどうかを待つ出版ビジネスではなく、会員制による本の直接販売なので、取次、書店のマージンがないため、印刷物としての価格よりもはるかに高額な価格で販売することに成功しています。本を印刷する前に販売数が計算できるので、在庫を増やすこともありません。

ダイレクト出版は、書籍を通して、海外の最新マーケティングやビジネスノウハウの提供という快適体験、問題解決という価値をほかにはない（書店で買えない）という付加価値にして販売しているのです。

会員のリストで購買履歴を管理することで、書籍以外の商材やセミナーを販売することもできます。

売る才能を価値に変えるワーク

あなたに「売る」才能があるとして、どのように価値に変えればいいのかを考えてみます。

最低限は、あなたが顧客にどんな利益を提供しているのかを知っておくことが重要でしょう。そうしなければ、コストのかかる製品やサービスを高く、コストのかからない製品やサービスを安く売るしかありません。

昨今では、コストのかかる製品やサービスですら価格競争が厳しくなっています。利益の出ていた商材の利益が出ず、利益のない商材は赤字にすらなることがあります。

売る才能で価値を提供し、付加価値を加えることで、あなた自身の価値が上がります。

売る才能は、どこの会社でも通用します。コンサルタントとしても独立が可能です。

菊原智明さん、渡瀬謙さん、木戸一敏さんは営業コンサルタントとして数多くの著作を出し、多くの企業とコンサルティング契約を結んだり、全国各地で講演を行なっています。3人とも個人的によく知っているのですが、決して、弁舌さわやかなトークを展開する人たちではありません。

菊原さんは、トヨタホームでナンバーワン営業となり、渡瀬さんはリクルートで1位になり、木戸さんは12社で転職に失敗し、13社目の教材販売会社で37カ月連続トップをいう数値化をしています。

彼らよりも売る才能がある営業マンはいるかもしれませんが、才能を数値化することで、彼らは人気コンサルタントになっています。

ワーク 3

あなたの売る才能は、どんな利益を提供できますか？

あなたの売る才能を最も価値があると受け取る人は誰ですか？

あなたの売る才能は、どんな問題解決、
幸福体験を提供できますか？

あなたの才能を能力にする数値は？

「マネジメントする」才能を価値に変える方法

マネジメントの役割とは組織の機能を動かすこと

ピーター・ドラッカーの『マネジメント』（ダイヤモンド社）には、「組織は目的であり、手段である。『その組織は何か』ではない。『その組織は何をなすべきか、機能は何か』である」とあります。

組織の機能を定義し、社会や個人に貢献するために資源の投資先を決定し、組織を動かす機能を「マネジメント」といいます。マネジメントは組織の目的を達成するための中枢機関であるといえます。

シンプルな話をすると、スポーツチームの目的は勝つことです。ただし、どんな方法を使っても勝てばいいと考えるのか、勝ち方のプロセスにもこだわるのかは、マネジメントの問題です。

企業の目的は収益を上げて、（資本主義的な考えかもしれませんが）成長することでしょう。そのプロセスは社員が幸福になるものでなければなりません。しかし、それぞれの社員が自分の幸福だけを目的にすれば、組織はバラバラになります。組織を一体化し、目的を達成するためにはリーダーの存在が必要です。

マネジメントをする才能のある人は、「プロの経営者」にすらなることができます。

マネジメントは結果を出して評価される

マネジメントの才能を活かすにあたって、絶対的に重視しなければならないことは、目的を達成するということです。

スポーツの名監督や苦境に喘ぐ企業を再生させた名経営者は、結果にこだわり、目的を完遂しています。だからこそ、彼らは評価されているのです。

あなたが何らかの仕事をしているとして、その目的はなんでしょうか？　そして達成するべき目標はなんでしょうか？　この点を理解することがマネジメントの才能を発揮する第一歩です。まずは、あなたの仕事の目的を完遂してください。あなたが、トップではなく、中間のマネージャーであるなら、トップから与えられた目標を達成してください。目標を達成していない人が語れるのは言い訳だけです。

目的と目標にコミットすれば、どのような方法でゴールにたどり着くのかを考えます。

そのためには、ゴールが明確になってなくてはいけません。

昨今のマネジメントはトップダウンよりもボトムアップだとか、組織はフラットなほうがいいとか、ピラミッド型がいいとかいわれますが、これらはすべて手段です。マネジメントとは、目的の完遂であり、目標の必達なのです。

マネジメントの才能を活かすリーダーに必要なこと

組織はマネジメントらしきものがあれば動きます。とりあえず、課長がいれば、部下は問題が起こったときに、上司である課長に相談します。相談された課長はなんらかの答えを出さざるを得ず、部下は指示に従います。

しかし、こうしたマネジメントが組織の目的に対して、機能を最大化しているかと言えば、そうとは限りません。

マネジメントの才能とは、組織の機能を最大化するということで、その成果は目的を達成した時に評価されます。

多くの人の尊敬を集めてマネジメントの才能を発揮した1人が、ラグビーの平尾誠二さんでしょう。亡くなったあとも、日本ラグビーの礎を築いた人物として語り継がれています。平尾さんは、伏見工業、同志社大学、神戸製鋼でチームを日本一に導いています。

そのあとは、日本代表の監督を経て、神戸製鋼のＧＭに就任しています。ＧＭとはチーム編成の責任を持つ存在です。その平尾さんが神戸製鋼のＧＭ時代にヘッドコーチを選ぶ基準は「目標達成のために最もふさわしい人物」だと言います。

また、平尾さんはマネジメントには「求心力」が必要であると言っています。求心力とは、「この人に言われたら仕方がない」「この人について行こう」と思わせる魅力のことだそうです。

求心力を持つための要素として、平尾さんは次の４つを挙げています。

1　専門性
2　人間性
3　一貫性
4　怒ったら怖い

マネジメントの才能とは、目的を達成するのだという強い意志と人を動かすことができる求心力になります。

プロ経営者の役割とは?

世の中にあるマネジメントの本は、組織の形態や手法を語っているものがほとんどです。しかし、組織のステージによって有効な手段は違います。

たとえば、弱いチームを強くするためには、トップダウンのマネジメントが有効です。「つべこべ言わずに俺について来い」的な鬼監督のもとでチームが強くなった事例はたくさんあります。厳しい上司も組織には必要なのです。

しかし、チームのレベルが上がれば、それぞれのメンバーが意見を持ちはじめます。こうした組織では、トップダウン型は反発を招きます。そこで、組織をフラット化するサーバントリーダーシップが主流となりました。ところが、フラットな組織は役割が不明確だと、責任の所在があいまいになり、組織としての緊張感がなくなります。結果、それぞれのメンバーが、「自分の考えるよいこと」をしはじめると組織がバラバラになります。

こうした流れが日本企業を衰退させ、プロ経営者が登場します。

プロ経営者に求められる役割とは、組織風土を変革し、再び成長軌道に乗せることです。マネジメントの才能とは、責任を持って目的を完遂する意思のことをいいます。

あなたが営業課長だったとして、課の売上目標が未達成であるなら、その責任は部長になります。部の成績が悪い場合は、担当役員になり、最後は社長です。組織のトップになるということはマネジメントの才能が必須です。課のトップであるなら、課せられた目標を達成するという覚悟が必要でしょう。

いい映画もマネジメントで生まれる

マネジメントの才能は、スポーツやビジネスの世界に限りません。映画のような作品の制作にもマネジメントの才能が活かされます。

映画監督の仕事は、映画をつくることですが、俳優やスタッフをマネジメントする才能が必要です。

2019年11月10日付の朝日新聞の「日曜に想う」にユニークなエピソードが紹介されています。

イラストレーターの和田誠さんの『お楽しみはこれからだ』（文芸春秋）という本に、ヒッチコック監督の『山羊座のもとに』について書いたコラムが収録されています。その中に、ヒッチコックが後年のインタビューで明かした主演のイングリッド・バーグマンとのエピソードがあります。

「バーグマンは私の演出を好まなかった。私は議論がいやだったから、『イングリッド、たかが映画じゃないか』と言った。彼女は名作に出ることだけを望んだ。製作中の映画が名作になるかならないかなんて誰がわかる？　ジャンヌ・ダーク以外に偉大な役はないと彼女は考えていたようだ。くだらない！」

そのあとに、和田さんは次のように加えています。「たかが映画じゃないか、という精神はぼくの好むところだ。それであれだけ面白い映画をつくり続けていたのだ。偉大なる職人である」

監督は演技をするわけでもないし、撮影をするわけでもありません。自分のイメージする映画を実現するために、俳優やスタッフを動かし、フィルムに撮影された映像を採用するのか、再び撮り直すのかを判断します。映画づくりとはこの連続です。

映画にはもう1つのマネジメントがあります。その役割はプロデューサーで、映画の予算、スケジュール、公開場所、興行収入の目標を達成します。

作品の評価が低く、興行的に失敗した作品を制作してしまうと、次のチャンスが得にくくなります。

逆にマネジメントの才能が活かされ、マネージャーが求心力を発揮できた作品は、同じスタッフで名作を生み出すこともあります。

【事例】マネジメント×公害という問題解決×世界初

スティーブ・ジョブズは製品づくりへのこだわりが異常だったと言われる反面、彼はエンジニアでもデザイナーでもありませんでした。

彼の言葉に「自身がクオリティの判断基準となれ。中には高い質を求められる環境に慣れていないものもいる」というものがあります。

これはプロジェクトを率いるリーダーの心がまえとしてはとても重要だと思います。

社運のかかったプロジェクトのリーダーに任命されたとき、その任を1人で背負うことができるでしょうか？

プロジェクトのレベルはリーダーの基準にかかっているのです。

かつて、困難なプロジェクトを成功に導いたストーリーを紹介する『プロジェクトX』（N

HK）という番組がありました。そこで描かれるのは、リーダーを中心としたチームの成長です。

昭和40年（1965）、世界中で大気汚染が問題になっていました。その後、昭和45年アメリカで排ガス規制を5年以内に10分の1にするというマスキー法が成立します。どの自動車メーカーも実現は不可能だと考える中、本田技研工業に久米是志《くめただし》さんを中心とするチームが誕生します。「CVCC」と名づけられたエンジンの開発には、400人のエンジニアが1000項目の課題に取り組みました。

久米さんの要求はきびしく、現場の人たちは徹夜が続き、テスト車の中で寝ることも多かったと言います。

結果、世界で初めてマスキー法をクリアすることになります。当時の本田技研工業は売り上げが落ち込んでいたようですが、久米さんたちがつくり上げた車（シビック）で苦境を脱します。

久米さんのマネジメントの才能は、会社の苦境と社会問題の両方を解決する車を誕生させたのです。

マネジメントの才能を価値に変えるワーク

「妖精さん」と呼ばれる50代のサラリーマンが増えているようです。仕事をしておらず、存在感がないので、若手社員からは、妖精に見えるというのがいわれのようです。

かと言って、会社の成長期には最前線で仕事をしてきた人たちでもあるので、クビになることはありません。定年までは生き延びることはできるでしょう。こうした状況を「逃げ切りの50代、揺れる40代、不安の30代」といわれることもあるようです。

当然ながら、妖精さんは仕事にやりがいを感じることは難しいでしょう。それでも、会社に依存しなければならない人を、人材開発が専門の立教大学教授の中原淳さんは「おじさん個人の問題ではなく、日本社会や企業の問題です。新卒一括採用の終身雇用では、若い頃は賃金以上に働き、高齢になったら生産性より賃金が高くなる。転職しても賃金が下がるので動けない。ホステージ（とらわれている）状態です」と分析します（朝日新聞2019年11月12日付記事）。

妖精さんが妖精さんになったのは、マネジメントにかかわれなかったからでしょう。最前線の仕事を若手が担うようになると、マネジメントにかかわらないベテランは仕事がありません。

もしあなたに部下がいてマネジメントができる立場にあるなら、そのチャンスを活かさない手はありません。

困難なプロジェクト、若手が困っている案件に積極的に関与するのです。そして、成果を出せば、仕事の経験がマネジメントに活きてきます。


マネジメントの才能は、目的を達成する強い意志とメンバーを動かす求心力を備えるということです。どちらも目に見えないだけに、目標を掲げて達成することでしか、その証明はできません。仕事がないなら、仕事をつくり、自分で決めた目標を達成するのです。困難な目標であるほど価値が高くなります。また、マネジメントに必要なのは、目標を達成するための大義です。

本田技研の久米さんの場合は、ＣＶＣＣの開発は、会社のためではなく、社会の問題を解決するためだという大義を掲げて部下を引っ張ったとあります。

あなたの使命感をチームに伝播させることで、あなたのマネジメントの才能は価値になります。

ワーク 4

あなたのマネジメントの才能は、チームのメンバーにどんな使命を提供できますか？

あなたのマネジメントの才能を最も価値があると受け取る人は誰ですか？

あなたのマネジメントの才能は、どんな問題解決、幸福体験を提供できますか？

あなたのマネジメントの才能を価値にする数値は？

「分析する」才能を価値に変える方法

人は感覚だけでは生きられない

あなたが物事を観察することが得意なら、分析の才能を活かすことができます。
分析の才能を活かすために、分析とは何かということを考えてみましょう。
分析とは、

「分→分ける」
「析→バラバラに切り離す」

ですから、２つの視点で考えることができます。

1　構成を明らかにすること
2　構成要素を数値化する

分析とは、客観的な事実を突きとめるということです。

人には好奇心があります。好奇心を満たすためには、構成を明らかにして数値化することが求められます。

分析というと、学者や研究者の仕事を思い浮かべるかもしれませんが、クリエイティブな世界でも分析の才能は有効に作用します。

NHKの『プロフェッショナル　仕事の流儀』には多くのプロフェッショナルが登場します。この番組がこれほど人気を博しているのは、プロフェショナルの仕事ぶりを分析して解説をする番組の組み立てにあると思います。

たとえば、日本一予約が取れないといわれる焼き鳥屋の店主、池川義輝さんは次のように紹介されています。

素材の味を極限まで引き出した焼き鳥は、未体験の感動を呼ぶ。

池川の焼き技の特徴は、常識外れの〝近火の強火〟。一般的に焼き鳥は、中まで火が入るまでに表面が焦げたり、焼きムラができたりするため、炭と串を10センチ以上離してじっくり焼いていくのが常識だ。しかし、池川は「遠火でゆっくり焼くと、その間に肉汁が流れ出てジューシーではなくなってしまう」と、わずか間隔1センチの近火で攻める。350度を超える高温で表面を素早く焼き固めることで、中から出る肉汁を閉じ込めるのだ。1つ間違えれば黒焦げになる高度な技。池川は、開店から閉店まで7時間、串を絶え間なく回転させ続けることで、表面温度を操りながら芯まで火を通していく。「どれだけ1本の串の気持ちになれるか。素材に合わせて、自分を追い込まないと、いい焼きはできないと思う」。

（NHKホームページより）

焼き鳥を食べているわけではないのに（テレビを見ているだけ）、そのおいしさを感じることができるのは、仕事を分析し、数値による解説がなされているからでしょう。

分析をする才能がもたらす価値

分析をする才能が、人に提供できる価値とは、「わかる」ということです。
なぜ、「わかる」ことが重要かということを畑村洋太郎さんが『畑村式「わかる」技術』（講談社現代新書）で次のように説明しています。

1　世の中が複雑になったために「もっとわかりやすく」というニーズがある
2　「わかる」人は答えのない問題を考える力があるので、組織で求められる

たとえば、昨今、本が売れないといわれています。確かに、本の販売部数は減少しています。では、「なぜ売れないのか?」と考えた場合、単純な人は「活字離れ」と言います。しかし、ネットコンテンツの多くは活字です。ですから、活字離れというのは正しい答えではありません。また、どうすれば本が売れるのかと考えた場合、売れている本をリサーチする人がいます。これも正解とは言えません。

そもそも、人はなぜ、本を読んでいたのか?

情報収集や娯楽のためと想定した場合、情報収集の手段がネットコンテンツ、娯楽が動画やゲームに移行しているかもしれないと仮説を立てることができます。ほかには、スマホで映画やドラマを見ることができることも小説が売れない理由かもしれません。

ここまでだとわかったようでわかっていない状態なので、実際に人がどのように時間を使っているのかをリサーチする必要があります。すると、出版のライバルはほかの出版社でなく、スマートフォンのメディアであることがわかるでしょう。

この点がわかっている編集者は、出版の形態を変化させています。

note（文章、写真、イラスト、音楽、映像などを手軽に投稿できるネット上のサービス）は、価値のあるコンテンツを有料で販売できる仕組みをつくりました。

また、名編集者の佐渡島庸平さんが立ち上げたコルクという会社は、クリエイターのエージェンシーをしながら、コミュニティプロデュースというサービスを展開しています。

市場を分析した結果、わからなかったことがわかる――これが新しいアイデアの源泉になるのです。

わかりにくいことが多いからこそ、わかりやすくしてほしいし、わかりやすくできる才能のある人は、次の展開を考えることができるという好循環になります。

投資も分析

投資で勝つことも分析です。資産運用の専門家である午堂登紀雄《ときお》さんは、「自分がよくわからないものに投資しない」ということをすすめています。勝てる投資とは、コントロールできるものに投資をすることで確実性が高まります。

また、人が投資をするのは、お金だけではありません。私たちが最も重視しない投資は時間です。

時間を有効に使うためには、「世の中で時間がどのように使われているのか」と「自分がどのように時間を使っているのか」を分析する必要があります。

たとえば、12時にランチに行くとお店は混んでいます。そこで13時30分にランチに行くのも時間の投資効果がよいといえます。このように私たちには分析する才能が備わっているにもかかわらず、忙しくなるとタスクの管理ができなくなります。これは、タスクを分析していないからです。だから、時間管理やタスクの優先順位をつけるサービスが仕事になるのです。

ほかにはマーケットを分析する力があれば、何が売れるのかがわかります。

マーケットとは、次の4つで構成されます。

- 取引されるモノ／サービス
- 買い手
- 売り手

・価格

つまり、取引したい人が多く、売り手が少ないものやサービスは価格が上がります。カリスマ的な片づけの専門家やカウンセラーが、一般人の中から生まれるのは、マーケットを分析する能力があったからでしょう。片づけが苦手な人が多いというマーケットに目をつけて、いち早くサービスを立ち上げることで普通の人でも成功できるのです（参考書籍『マーケット感覚を身につけよう』ちきりん、ダイヤモンド社）。

【事例】分析×失敗したくないという問題解決×実績

失敗はマイナス面もありますが、失敗を活かせば成功の要因にもなります。

成功の要因を分析するよりも、失敗の要因のほうが分析しやすいといえそうです。

仕事において経験値は大切です。ただし、多くの場合は成功の経験が重視されます。成功の経験というのは、人をポジティブにしますが、反面で「できることしかやらない」というネガティブさを生むこともあります。

前例のないことをやろうとすると、最初はうまくいかないものです。このうまくいかなかった経験（失敗）を検証しながら、成功する方法を見つけ出すことが創造力になります。

畑村洋太郎さんは「失敗学」という学問を創出し、失敗を分析しています。

個人的な失敗を分析することでも、仕事にすることはできます。

板倉雄一郎さんは、会社（ITベンチャー企業）を倒産させた理由を分析し、『社長失格』（日経BP）を執筆しました。また、ワイキューブの社長だった安田佳生さんも『私、社長でなくなりました』（プレジデント社）という本を出版しています。会社を倒産させたものの、自分の失敗を分析できたからこそ、講演の仕事などがあるようです。つまりは、失敗は分析をすることで肩書きになるのです。

また、失敗を恐れる心理も仕事につながります。店舗ビジネスの場合、お客さまの不満は接客の失敗です。事前に不満を予測すれば、サービスの質が上がり、よりよいサービスや製品開発につながることがあります。

たとえば、インサイトテックが運営する不満買取センターは、パソコンやスマホに自分の不満を入力すれば、買い取ってもらえるというサービスを提供しています。集まった不満は、データとして分析され、企業に販売されています。企業側でも独自調査をするよりも、費用をかけずに分析データを入手できるメリットがあります。

【事例】分析×相手を理解できないという問題解決×肩書き

「結婚とは人生の修行だ」といわれることがあるように、夫婦の問題というのは、常に深刻です。もちろん、夫婦に限らず、職場でも男女のコミュニケーションエラーが起こります。なぜ、男と女はわかり合えないのか？——こうした疑問に応えることも分析の才能が活かされます。

女性の脳は、男性に比べて右脳と左脳をつなぐ脳梁が太いため、感情と言葉の交錯が男性に比べて速いといわれます。その結果、直接的な言い方になることが多く、話があちこちに跳ぶこともありますが、周囲への目配りには優れているといわれます。ですから、男性よりも女性のほうが気づかいに優れているという分析もあります。その反面、情報が多いために、レストランのメニューや洋服選びで迷ってしまい、決断までに時間がかかります。

一方で男性は、右脳と左脳の連携が遅いため、複数のことを同時にやることが苦手です。しかし、1つのことに集中できるため、ゴール設定が明確で決断までのスピードも速くなります。

自分はすぐにメニューを決めるのに、いつまでも迷っている女性にイライラします。1つ1つのことは大きな問題ではないのですが、積み重なるとわかり合えないというストレスが増大します。離婚などにつながることにもなりかねません。

男性と女性のコミュニケーションが難しいという点は多くの人に思い当たりがあるので、『妻のトリセツ』（黒川伊保子、講談社＋α新書）はベストセラーになったのでしょう。

著者の黒川さんの肩書きは、人工知能研究者、感性アナリスト、日本ネーミング協会理事、随筆家、日本文藝家協会会員となっており、多方面での専門書を執筆できるように工夫されていることがわかります。もちろん、「1980年代に、35年先の人工知能時代を目指して」「大型汎用ビジネス環境では「世界初」と言われた日本語対話型インタフェースを開発している」という具合に数値によって能力を連想させる内容も盛り込まれています。

分析する仕事を価値に変えるワーク

分析の話をすると、研究職や投資をしていない人は自分と縁遠いと感じることが多いようです。しかし、私たちは日々、お金と時間を使いながら生きています。何にお金を使い、どんな時間をすごすのかを決定するために、私たちは分析をしています。

簡単なことで言えば、先ほどの「12時からはレストランが混むので、13時以降にランチにしよう」という具合に、私たちは規則性を分析し、最良の選択をしようとします。

たとえば、困っている人がいたら、何にどう困っているのかを分析してみます。

職場環境なら、ワークライフバランスや働き方改革の影響で、従来の仕事スタイルが通用しなくなっています。しかし、仕事自体が少なくなるわけでなく、スピードを上げることも容易ではありません。こうした中で、「なぜ、仕事が非効率なのか」「他社はどのような取り組みをしているのか」などを分析して最適解を提供するサービスには人気があります。

効率化だけではありません。昨今の子育て環境を分析したり、夫婦間の子育てと仕事に関する意識を分析することになり、多様な価値観を知ることもできます。

このほかに職場での問題としては、パワハラ、セクハラなどがあるでしょう。どこまでがセーフで、どこからがアウトなのか、こうした判断の基準を知りたい人も多いでしょう。判例などを分析することで指針を提供することができれば、サービスにすることもできます。社員をタイプ分類することで、適材適所への配属の検討材料にできる診断サービスにも人気があります。

数値化に関しては、測定するものさしを持つことが大切でしょう。

たとえば、営業会議で売り上げの上がらない営業マンが「他社が価格を下げてきました」ということがあります。本気で言っているのか、会議で責められない言い訳なのかはわかりませんが、この報告を了承してしまうと、常に価格で負けたという理由は正当化されてしまいます。

これでは売り上げは永遠に上がりません。当然ながら、「いくらの価格がいくらだったのか」「製品のスペックに違いはないのか」「取引の条件に違いはないのか」「自社のシェアは何パーセントに落ちて、競合のシェアは何パーセント上がったのか」「マーケットサイズはどう変動しているのか」「自社の価格を引き下げることは可能なのか」という分析くらいは必要でしょう。この分析により、価格を下げるのか、付加価値を上げるのかなどの戦略が生まれます。

分析の才能を活かすことで、状況を正しく判断し、最適だと考えられる戦略を立てることができるのです。

ワーク 5

あなたは何を分析しますか？

あなたの分析はどんな「わかる」を提供できますか？

あなたの分析の才能を最も価値があると受け取る人は誰ですか？

あなたの分析の才能は、どんな問題解決、
幸福体験を提供できますか？

あなたの分析の才能を価値にする数値は？

「伝達する」才能を価値に変える方法

「No」を「Yes」に変える

『伝え方が9割』（佐々木圭一、ダイヤモンド社）がミリオンセラーを記録しました。売れた理由は、伝えることに苦労している人や伝える方法を知りたい人がそれだけ多くいたということでしょう。もちろん、自分の要求を通すノウハウを知りたいという人もこの本を買ったと推測できます。

実際、仕事のトラブルで多いのが、「言ったか言っていないか」ということでしょう。この表現は面白くて、主語を変えると、「聞いたか聞いていないか」「理解したか、していないか」ということです。結局のところ、「伝わっていない」ということです。その結果、物事がなされないので、多くの場合、頼んだほうが困ります。ですから、「相手の話を理解する方法」よりも「伝える技術」のニーズが大きかったと推測します。

では、伝えるとはどういうことかを考えてみます。

『伝え方が9割』には、伝える目的は、「Ｎｏ」を「Ｙｅｓ」に変えるとあります。紹介されている事例に、「デートをしてください」よりも「驚くほど旨いパスタ店があるのだけど、行かない？」のほうが成功確率は高いとあります。まさに、秀逸な伝え方で、相手を誘うという目的がクリアできる可能性は飛躍的に上がるでしょう。仕事や日常生活においても、伝え方を知っていると要求を通しやすくなります。

伝達する才能がある人は、仕事の成果を上げやすくなります。

4つの伝達する仕事

伝達することの才能があれば、それだけで仕事になります。

たとえば、アナウンサーは伝える仕事です。声がいいとか、特に女性の場合は見た目も重要になりますが、ニュースを正確に伝えることができることが基本です。

ただし、アナウンサーでも、フリーになれる人となれない人の違いがあるようです。違いは個性を出した伝え方が受け入れられるかどうかだと考えます。情報を伝えるだけでなく、伝える人の個性を含んで伝えることができるなら、その価値は高いといえそうです。

「Ｎｏ」を「Ｙｅｓ」に変えるというように、どう伝えるのかに加えて、誰がどのように伝えるかを兼ね備えると、影響力が高まります。伝達とは、伝えたことが達すると書くので、相手に影響力を持って伝わることができるほど、伝達の才能の高いと言えます。

1　正しく伝える

ニュース番組の最中、ADのくしゃみに笑いがこみ上げて、堪え切れずにニュースを読むことができなかった女子アナが降板したことがありました。伝えるべきことを伝える方法というものがあります。言葉はもちろん、仕草や表情は、伝える内容よりも重要になるという研究結果もあります（メラビアンの法則）。

2　わかりやすく伝える

世の中が複雑になるほど、難しいことが多くなります。そこで生まれるニーズは「わかりやすく伝えてほしい」ということでしょう。

わかりやすく使える伝道師は、池上彰さんだと思います。

テレビ番組の『そうだったのか！　池上彰の学べるニュース』をはじめ、著書でも『知らないと恥をかく世界の大問題10　転機を迎える世界と日本』（角川新書）、『新版　知らないと損する　池上彰のお金の学校』（朝日新書）、『14歳からの政治入門』（マガジンハウス）など、わからないことをわかりやすく伝える第一人者といえるのではないでしょうか。

池上さんが、わかりやすく伝えることの才能を磨いたのは、NHK時代の「週刊こどもニュース」だったといいます。子どもたちがわからないと言ったら、子どもたちがわかるまで原稿を書き直す、この作業の繰り返しだったと『伝える力』（PHPビジネス新書）にあります。

また、池上さんは「深く理解していないと、わかりやすく説明できない」とも語っています。深く理解するためには、まったく知らない人（この場合は子ども）に説明するにはどうすればいいか意識すると理解が深まるということです。

伝達の才能を磨くためには、わかりやすい話を聞いてわかったつもりにならないことが大切でしょう。この点を池上さんは『わかりやすさの罠　池上流「知る力」の鍛え方』（集英社新書）で指摘しています。

わかりやすく説明をしている人が、どのようにわかりやすく伝えているのかを理解することで、伝達の才能が磨かれると思います。つまり、伝達する才能とは、わかりにくいことに取り組むことで価値となるのです。

3　人に影響を与える

次は、「達する」ということについて考えたいと思います。

講演家として成功している人は、人に影響を与える伝達の才能を持っています。

経営コンサルタントとして多くの経営者からメンターと呼ばれているのが、福島正伸さんです。福島さんは、年間に300回以上の講演をしています。

福島さんが主催をしていた『ドリームプラン・プレゼンテーション』（以下ドリプラ）というビジネスプランの発表会があります。プレゼンターは10分間で、自分がやりたい事業をプレゼンテーションし、支援者を集めます。

ドリプラのプレゼンは「共感のプレゼンテーション」と呼ばれ、事業を説明し、聴衆を説得するのではなく、感動を共感が生まれるように組み立てられています。

福島さんの著書『感動と共感のプレゼンテーション――10分間で経営資源を集める』（風人社）には、伝わらない伝え方と伝わる伝え方をした場合の結果の違いが説明されています。

前者は「事業については理解できました。しかし、資金計画が甘いようです。その点をどうするのですか？」となり、後者「ぜひ、この事業を成功させていただきたいと思います。しかし、資金計画が甘いようです。この点は、専門家を紹介しますので、私にできることがあれば協力させてください」となります。

論理的なだけの説明には、論理的な反論が返ってきます。一方で、共感のプレゼンテーションは支援者を集めます。人に影響を与えるとは、共感され、自分の世界観に相手を巻き込むことができるということです。

4　一段上の「わかる」に誘導する

「眼からうろこが落ちる」という表現があります。

なんらかのきっかけで、発想が大きく転換するという意味です。伝達することの最大の価値は、受け取り手の価値観を転換してしまうことだと思います。もし、この本を読み、あなたの発想が転換され、自分の才能に気づくなら、私は伝達の才能を価値にしたことになります。

受け取り手の発想を転換してしまう伝達をする方法は、ものの見方を変えるということです。

私は芸術がわかるわけではないので、イサム・ノグチの作品の素晴らしさが直感以外で理解できません。

編集工学研究所所長の松岡正剛さんは、芸術家イサム・ノグチの創造哲学を「関係の発見」だと言います（『17歳のための世界と日本の見方　――セイゴオ先生の人間文化講義』春秋社）。

イサム・ノグチは日本人の父とアメリカ人の母の間に生まれています。こうした生い立ちから、芸術にとって大切なことは「関係」であり、東洋と西洋の間、天と地の間、精神と物質の間が作品に投影したというのです。こうした話を受けて、イサム・ノグチの作品を見ると、私の発想が変わります。つまり、芸術はわからないというう
ろこ（薄い膜のような意味）が落ちるのです。

松岡さんは、人の発想を変える伝達の方法を「編集」と言います。松岡さんの編集とは、「該当する対象の情報の構造を読み解き、それを新たな意匠で再生するものだ」というものです。日本の中から見る日本と世界の中から見る日本では、わかり方が違います。つまり、情報を編集することで、意味の拡張が起こります。

一見関係のなさそうなものを編集し、新しい意匠として再生することはＡＩにはできません。編集により、一段上の「わかる」に誘うことで、伝達する才能の価値が大きくなるのです。いわば、パラダイムシフトです。

昨今は伝達する仕事が増えています。池上さんのようなニュース解説、スポーツの解説者は、メディアの数が増えるほど、ニーズも大きくなります。カウンセラーの心屋仁之助さんを見ていると、「聞く」というよりも、相手の心に響く言葉を伝えていることがわか

ります。

ほかには、文字で伝達する仕事もあります。コピーライターは、わかりやすさに加えて、見込み客に気づきを提供することで売れる文章をつくります。

交渉も仕事になる

自社の思惑を相手に伝えて、合意に導くことを交渉といいます。交渉力も伝える才能に該当すると思います。交渉が必要な場面では、お互いの利益が対立しています。ですから、最終的に自分に有利な合意を取りつけたほうが交渉に勝ったといえます。しかし、自分に有利な条件だけを押しつけた場合、相手の信頼を損なってしまうことがあります。

たとえば、部下に転勤を打診する場合について考えてみます。東京に勤務している部下に地方に転勤してほしい場合、問答無用で「会社の決定だから異動しろ」と命令をしてしまうと交渉は発生しません。逆に、「それなら会社を辞めます」と言われてしまっても交渉決裂です。優秀な部下が会社を辞めるなら、大きな損失になります。

部下が転勤を承諾しない場合、どんな理由で承諾しないのかを聞きながら、転勤をしてもらうための話し合いも交渉となります。

価格交渉は、一般的には買い手が主導権を持ち、注文がほしい売り手は不利になるケースが少なくありません。売り手は値下げを最小限にとどめるべく、「これ以上は無理です」と懇願する場面がよくあります。

最終的に利益が残る金額で合意できればよかったと考えがちですが、こうした交渉を続けていると会社の利益がどんどん薄くなります。

また、買い手も、価格を叩くことで交渉に勝ったと思うかもしれませんが、信頼関係を損なっているかもしれません。

たとえば、価格交渉の場合、

相手先「単価1000円が限界です」
あなた「うちは900円が希望です」
相手先「それは無理です」

という交渉は堂々巡りを繰り返し、最終的に「無理です」という回答を引き出しかねません。相手先が自社にとって重要なサプライヤーだった場合、代わりのサプライヤーから購入することはリスクとなります。

こうした場合、「950円で合意しますので、発注単位を少なくしてもらえますか？」という条件を提示することで、自社の倉庫や物流の費用を抑えることができれば、交渉は成功です。

また、「あなたの熱意に負けて、950円で契約します」としておくと、相手は交渉に勝ったと思います。

話すことはできるけれど、伝わっていないと感じるのは、思い通りにならないことが多いからでしょう。思い通りにならないとは、相手が思うように動かないということです。相手を動かすための交渉術は、伝達する才能を活かす場面でもあります。交渉術は、1つのカテゴリになるほどのニーズがあります。

【事例】伝達×好奇心という幸福体験×独自性

「督促OL」として人気の榎本まみさんの仕事は、信販会社で支払遅延のお客さまに電話で督促をするというコールセンター業務です。

聞いただけでブラックな雰囲気をかもし出す職場は、現場を知らない私たちの好奇心をくすぐります。

「お金は人を狂わせる」といいますし、多重債務者や支払困難客相手に督促をするのですから、仕事がすんなり進むことはないと想像できます。心を病んで辞めていく同僚も多いと聞くと、「やはり」と思います。

しかし、榎本さんが辞めることなく、気弱な性格でも言い負かされずに回収できるメソッドを開発したと聞くと、好奇心にプラスして、気弱な人はメソッドにも関心を持ちます。

榎本さんの著書はシリーズ化され、ベストセラーになっています。

伝達する才能は、強者のものに限らず、過酷な環境にいる人の価値を高めることもできます。

『リストラなう！』（綿貫智人、新潮社）、『上を向いてアルコール 「元アル中」コラムニストの告白』（小田嶋隆、ミシマ社）、『ツレがうつになりまして。』（細川貂々、幻冬舎文庫）などは、榎本さんと同じパターンの伝達方法だと言えます。

1つのメッセージの伝達に成功すれば、その道の専門家になります。細川さんは、生き方や心に関する著作も出版しています。

伝達する才能を価値に変えるワーク

あなたに「伝達する」才能があるとして、どのように価値に変えればいいのかを考えてみます。

伝達することで、人に共感され、人を巻き込むことができれば、あなたの伝達する才能は価値になります。

伝達する才能が、有効になるのは政治家でしょう。大臣が失言によって辞任に追い込まれることはよくあります。英語の民間試験の導入に際して、「身の丈」という言葉が教育の格差を拡大させるという大きな批判を浴びた大臣がいました（辞任はしませんでしたが）。しかし、この大臣の感覚は異常だったのでしょうか？

私はそうとも言えないと考えています。朝日新聞の天声人語（2019年11月3日）はこの問題を取り上げていて、「朝日新聞社とベネッセが、昨年まとめた意識調査がある。全国の公立小中学校の保護者に「所得の多い家庭の子どものほうが、よりよい教育を受けられる傾向をどう思うか」と尋ねたところ、6割超が「当然だ」「やむをえない」と答えた」とあります。

世論は教育の格差を容認しているのです。それでも、世論の批判を浴びたのは、「身の丈」

という言葉を他人に対して使ったために、上から目線に受け取られたからでしょう。

身の丈というのは、本来否定的な言葉ではありません。「身の丈に合わせて生きる」というのは日本人の美徳に合っています。それは自らについて語るからであり、他人に向けると批判的な表現になってしまいます。


一方で、伝えることで歴史に残ることもあります。

バラク・オバマ氏がアメリカの大統領として何をしたのかを言える人よりも、「チェンジ」「イエス、ウイ、キャン」など、彼のセリフを言える人のほうが多いでしょう。

元首相の小泉純一郎さんも伝達する才能のある政治家であり、その息子の小泉進次郎さんもDNAを引き継いでいるように見えます。

「話せる人が勝つ、それは民主主義のルールでしょう」(『小泉進次郎の話す力』佐藤綾子、幻冬舎)とあるように、情報を編集し、新しい意匠をつくり出すことで、あなたの伝達する才能は価値になるのです。伝達する才能は、人に影響を与える方法を考えるということなのです。

ワーク 6

あなたの伝達する才能は、どんな利益を提供できますか？

あなたの伝達する才能を最も価値があると受け取る人は
誰ですか？

あなたの伝達する才能は、どんな問題解決、
幸福体験を提供できますか？

あなたの才能を能力にする数値は？

「企画する」才能を価値に変える方法

面白いことを思いつく体質

世の中に面白い人はたくさんいます。中でも明石家さんまさんは、プライベートでもファンに神対応をしている報告がネットにアップされています。テレビだけでなく常に面白い人のようです。よく言われるように、天才ですね。

一方で天才でなくても、面白いことを考える人もいます。テレビ業界でいえば、放送作家がこれに当たります。

『もしも、シンデレラの行動がすべて計算ずくだったら？　考える脳の鍛え方』（樋口卓治、PHP研究所）には、意表を突くCMが紹介されています。

CMの冒頭は、ヨーロッパの民家で、夫婦が生まれたばかりの赤ちゃんをうれしそうに抱いているシーンで、テロップは「ヒトラーの両親」。

別の民家でも、若い夫婦が赤ん坊の誕生を喜んでいるシーンで、テロップは「ムッソリーニの両親」。

次は、東南アジアの民家でアジア人夫婦が子どもの誕生を喜んでいるシーンで、テロップは「ポル・ポトの両親」。

どの両親も子どもを愛しそうに抱いていて、幸せそうです。しかし、テロップは、歴史に名前を残している独裁者たち。

果たして、これはなんのＣＭでしょう？

ＣＭの終盤にテロップが出ます。

「コンドームさえ使っていれば……」

これは、コンドームのＣＭでした。

通常の発想なら、薄さや丈夫さ、避妊に大切さなどを訴求するでしょうが、予想外のアプローチでオチがついています。樋口さんはこうしたアイデアを「アングルを変える」と言っています。

面白いことを思いつく人には、価値があり、面白さは売りになります。

面白い企画を売りにした企業もあります。

株式会社カヤックは「面白法人」と名乗っていて、サイコロ給やスマイル給などユニークな制度で知られています。

代表の柳澤大輔さんが、ホームページの社長コラムで、「カヤックが社員に約束できること」と題して、２つの約束をしています。

約束その１「面白がり体質になること」
約束その２「転職に有利な会社であること」

コラムには、次のことが書かれています。

カヤックは、自分たちがまず「面白がる」ということに真摯に取り組める集団でありたいと思っています。そのために、経営理念を年に何度も見直したり、面白がることを重視する評価制度をつくったり、面白がり体質になるためのブレインストーミングに真剣に取り組んだりしてきました。面白がり体質になることは、人生において必ずプラスになると信じています。その体質改善に向けて、全力でサポートします。

社員の履歴書に面白法人カヤックの社名を書いてあるだけで、面接官に興味をもってもらえる。そんな会社を目指しているようです。

面白い人だけが面白いことを考えるのではなく、面白がり体質になることで、面白いことを考えることができるというのは慧眼《けいがん》です。面白いことを考えることが好きな人は企画の才能があります。それだけでなく、面白いことを考えたい人にも企画の才能があると言えそうです。

企画とは、字のごとく、「企《くわだ》てを画《え》にする」ことです。この画がアイデアです。では、どのように企てを実現させるのかについて考えてみます。

その企画に人は動くか？

企画とは、「くわだて」ですから、考えればいいというものではありません。

単なるアイデアマンと、評論家はビジネスの現場ではそれほど価値がありません。企画とは、企てを画にして人と組織を巻き込むことだと思います。要は、人が動いてナンボなのです。だから、アイデア自体にそれほどの価値はありません。同じようなことを考えている人はいるでしょう。

増田宗昭さんは、ＣＣＣ（カルチュア・コンビニエンス・クラブ株式会社）を企画会社と呼んでいます。

増田さんは、「人の理解を超えたところにあるのが企画だ」と言います。企画はプロダクトアウトでなければならないというのは増田さんの持論です。つまり、「原因」を作れば「結果」はあとからついてくるというもので、原因が企画となります。

その企みを、「なぜ行うのか?」「行ったらどうなるのか?」を明確にして、人を巻き込むことができる企画は優良な企画でしょう。

TSUTAYAは映画、音楽、本を、1つのお店で買える、借りられるという生活を提案し、それを全国で誰もが活用できる仕組みにしました。何枚ものポイントカードやクレジットカードでパンパンにふくらんだサイフを見て、どこでもポイントが貯まって、使えるカードがあれば1枚でいいという企画でTカードが生まれました(参考図書『はじめて語られる企画の「虎の巻」』毎日新聞社)。

企画は数字で語る

企画の才能を価値にするにあたって重要なことは、その企画はいくらの経済効果があるのかということです。

お金が集まらなければ、企画に価値は生まれません。ベンチャーキャピタルや個人投資家（エンジェル）からお金を集めることができる企画は、大きくスケールする可能性のある企画です。ですから、『起業の科学』（田所雅之、日経ＢＰ）にはスタートアップとスモールビジネスの違いが示されています。

たとえば、airbnbは今でこそ、成功したビジネスモデルといわれていますが、ビジネスモデルを企画した当初は最悪のアイデアだといわれていたそうです。そもそも、個人認証が確立されていない段階でまったくの他人を家に泊めるというのはクレイジーなアイデアでしょう。しかし、１度スケールすれば全世界に展開が可能です。

一方で、スモールビジネスというのは、住居を改造して旅館業やレストランを開業するというものです。

同じような宿泊に関するアイデアですが、広がりはまったく違います。増田さんの言葉を借りれば、企画を規格化すれば大きくなるということです。

投資家が起業家に投資をするのは、自分のお金をもっと面白く使って、増やしてくれると信用をするからでしょう。

また、増田さんは、世界の公用語は数字であると断言しています。これは数字で表現された企画は強力であり、企画をもとにお金を集めることができる人は、企画の才能があります。

そして、企画は1人歩きをします。面白い企画には、さらに面白い企画が集まってきます。企画が企画を呼ぶのです。カヤックやCCCに企画の才能を持った人が集まるということは、会社が発信する企画力が吸引力となっているからです。

【事例】企画×流行という幸福体験×ほかにない（1位）

「マイブーム」というのは、よくよく考えると変な言葉です。ブームというのは、大勢の人が関心を持つからブームであって、本来、「マイ（自分1人の）」「ブーム」は、「ない」言葉だと言っているのは、マイブームの生みの親であるみうらじゅんさんです。

みうらさんは、マルチな活躍をしていますが、職業で区分するのが難しい存在です。

ご本人による自分の仕事の説明は、「ジャンルとして成立していないものや大きな分類はあるけれどもまだ区分けされていないものに目をつけて、ひとひねりして新しい名前をつけて、いろいろ仕かけて、世の中に届けることです」ということになります（『「ない仕事」の作り方』文春文庫）。

たとえば、般若心経の278文字を、街中の看板の文字から探し、撮影した「アウトドア般若心経」という企画があります。この企画の発端は、「空あり」（駐車場の看板だと思います）に般若心経の真髄を街の中の看板で見つけたことだと言います。みうらさんによれば、「ないもの（空）がある」これほど簡潔に般若心経の極意を言い得た言葉はないというのです。

このほかみうらさんがブームにしたものの1つに「ゆるキャラ」があります。

これもゆるキャラというネーミングが施される前は、「地方の名産品をアピールするために名産品にひっかけて地方自治体がつくったマスコットキャラクターの着ぐるみ」です。しかも、ゆるキャラもマイブームと同じで、本来は「ない」言葉です。キャラクターは目立つために存在するので、ゆるくてはいけません。

みうらさんの企画は、A＋B＝ABでなく、A＋B＝C（ないカテゴリーの創出）であることがわかります。

【事例】企画×こだわりの幸福体験×独自性（1位）

全国の自治体はPRのためにゆるキャラを使います。しかし、昨今はゆるキャラが多くなり、競争が激しくなっています。人気のないゆるキャラはPR効果もありません。

そんな中で、着ぐるみではないキャラクターでPRに成功した自治体があります。

コスプレ公務員として有名になった北九州市役所の井上純子さんは、「バナナ姫ルナ」に扮してPR活動に成功しました。

バナナ姫ルナは、北九州市出身のイラストレーターのしいたけさんが、バナナのたたき売り発祥の地、門司港であったイベントをPRするためにデザインしたキャラクターでした。当初はPR力が弱かったものの、井上さんがリアルのルナとして登場してからメディアに取り上げられることが増えました。

これも限られた予算の中でインパクトを出した企画だと言えます。もともと、井上さんの趣味はコスプレだったようです。あるもの（ルナ）とあるもの（井上さん）をくっつけたアイデア（企画）です。

ゆるキャラブームに乗っかるのはマーケットインで、コスプレはプロダクトアウトだと言えるのではないでしょうか。

ほかにも企画力を発揮している自治体があります。浜田市の関係人口という切り口でPRをしました。

「関係人口」とは、総務省の説明によると、「移住した『定住人口』でもなく、観光に来た『交流人口』でもない、地域と多様にかかわる者」とのことです。

浜田市では、名前つながりの「全国の浜田さん、いらっしゃい」事業をしています。「浜田（濱田）さん」は、全国に約16万人。宿泊費の補助、石見神楽や花火大会招待などの特典を用意し、全国の「浜田さん」に浜田市に招くという企画です。来てくれた「浜田さん」には「特別住民票」を発行し、観光リピーターや「ふるさと納税」などを通じて浜田市を応援してくれる関係人口の増加を狙うという企画です（参考：事業構想２０１９年12月）。

企画の才能を価値に変えるワーク

カヤックの柳澤さんは、すごい企画よりも、大量のすごくない企画が重要だと言います。ですから、カヤックではブレーンストーミング（ブレスト）を重視しています。

ブレストと聞くと、出てきたアイデアを否定しないことで斬新なアイデアが出てくるといわれます。しかし、カヤックでのブレストは２つのルールを大切にしているようです。

1　他人の意見に乗っかる

2　数を出す

カヤックのブログで紹介されているブレストに関する考え方もユニークです。

アイデアの良し悪しは問わず、シンプルに、会議中に出たアイデアの数が少なければ失敗、たくさん出たら成功という考えです。そのためには、発言がすべてアイデアであることが理想です。誰かがよく話しているけど、よくよく聞いたらアイデアではないというのはアウトというルールです。

企画の才能は、面白がり体質で生まれるとしたら、数を出すことは有効な手段です。

また、アイデアには公式があります。

ジェームス・ヤングは、『アイデアのつくり方』（CCCメディアハウス）で、「アイデアは既存の要素の新しい組み合わせ以外の何ものでもない」と語りました。この考えは現在でも強く支持をされています。

アイデアを出すための代表的なツールもあります。

・KJ法
・シックスハット法
・オズボーンのチェックリスト
・逆張り発想法

これらは、あなたの企画の才能を高めることができます。

柳澤さんは、「やりたいことが思いつく体質になればよい」と言います。やりたいことが見つからない人は、そもそも思いつきが足りない。思いつくと人はやりたくなるし、思いつきが多ければ多いほど、必ずその中にやりたくなるものがあるというのが、柳澤さんの持論で、納得できる部分でもあります。

思いつきやすい体質になるためにはどうしたらいいか？

いつもアイデアを考えるということです。そうすれば、面白いことが好きなあなたの才能を活かすことができます。あなたのアイデアが人を惹きつけて、人が動くとあなたの才能が価値になります。

ワーク 7

あなたの企画する才能を最も価値があると
受け取る人は誰ですか？

あなたの企画する才能は、どんな問題解決、
幸福体験を提供できますか？

あなたの才能を能力にする数値は？

「発見・発明する」才能を価値に変える方法

発見とは誰も見たことがないものを見つけること

もし、あなたがツチノコを発見すれば、あなたはメディアに取り上げられて、有名になるでしょう。ネス湖でネッシーを発見しても有名になるでしょう。

人は未知なるものを見たいのです。だから、発見することには価値があります。ただし、偶然発見したというのは、一時的な話題にしかなりません。偶然の発見には大きな価値はないのです。

では、発見する才能とはどんなものでしょう?

それは、発見するべきものを明確にして、見つけるということです。つまり、発見とは発見の対象と発見までのプロセスが構築されているということです。発見の才能とは、発見までのプロセスの構築なのです。

エジプト考古学の吉村作治教授は、エジプト考古学者になろうと決めたのは10歳のときだと言っています。それ以来、エジプト考古学者になるためだけに勉強と行動をしています。誰かがエジプトに連れて行ってくれたわけでもありませんし、土を掘っていたら偶然に王の墓を見つけたのでもありません。リサーチをして資金を集め、発掘を行うという不屈のサイクルを繰り返してこそ、偉大な発見に導かれるのです。

ツチノコやエジプトの遺跡に限りません。あなたが何か発見したいものがあり、発見までのプロセスが構築できるならあなたには発見の才能があります。

発見と発明はセット

未知なるものを見つけることが発見だとして、未知なるものを生み出すことを「発明」といいます。両者は密接に絡み合っています。というのは、発見は一時的なものでしかないからです。

たとえば、青色発光ダイオードの存在自体は、認知されていました。すでに発見されていたのです。しかし、世界中のどこの研究機関でも実用化をすることができていませんでした。ノーベル賞を受賞した中村修二さんは、青色発光ダイオードの開発に成功したのです。これは発明です。

新しいものは発見と発明がセットになり、発展していきます。こうした流れは科学技術に限りません。

吉村教授も同じで、エジプトで遺跡を発見しただけではありません。発見した遺跡をもとに、自分の論や説を展開することで、一流の考古学者になったのです。学者にとって新しい説とは、科学者の発明に相当すると思います。

仮に、誰かがツチノコを発見したとします。次はツチノコの生態が解明され、種を保存し、繁殖させる方法が発明されるでしょう。

ちなみに、発見と発明の間にあるのが、「開発」でしょう。

自動車メーカーがさらに燃費のいいエンジンをつくったとしたら、発明ではなく「開発」といわれます。エンジニアの中には発明と開発を区別して価値に差をつける人もいるかもしれませんが、両方に価値があると思います。価値を比較するとしたら、プロセスではなく、どれだけ社会に貢献しているかだと思います。

発見と発明はどのように生まれるのか？

発見と発明が生まれる背景は、問題の認識です。または想像です。問題が認識されるか何がしかの物事が想像され、概念になります。概念を実在のものとして証明するのが発見です。発見されたものを実用化するために発明がなされます。概念が発見をうながし、発見が発明を加速させるのです。

発見と発明が進化するステップは、次の3つになります。ここではあえて、発見も発明もされていない宇宙人を事例にお話をします。

1　問題の認識・想像（概念化）

〈例〉宇宙人は存在するかという問い

2　具体化（発見）

〈例〉頭が大きく、手足が短くて目が大きく全体に白い人型（または、怪獣型）

3　意思疎通装置開発（発明）

〈例〉宇宙人とコミュニケーションを取るための装置の開発

発見や発明はモノに限りません。概念を具体化することが発見であり、具体化された概念を体系的に説明することを発明と言えるのではないかと思います。

フロイトは、ヒステリックな症状の治療から、無意識という概念を発見しました。無意識を認知するために、夢分析という治療法を発明したのです。

なんらかの研究の仕事にかかわっている人は、すでに発見や発明を仕事にしていると思います。

一方で、研究にかかわっていない人でも、発見や発明の機会はあり、その才能を価値にすることはできます。

【事例】発見・発明する×問題解決をするビジネスモデル×ほかにない（1位）

ここでは、科学的な発見や発明以外の事例を紹介します。

それは、法則を発見し、理論を発明するということです。

新しいビジネスモデルも発明だと言えます。

複数のお店で買い物をしても、決まった日時に一括で支払いができるクレジットカードは発明といえるでしょう。ただし、カードが使えるお店になるためには、カード発行会社への加盟が必要になります。昨今のように個人がビジネスをする時代には適応しません。だから、ペイパルが発明され、個人間取引がカードで実現しました。

ジレットは、商売のスタイルを変えました。替刃モデルによって、消耗品をリピート購入させることで売上を上げる仕組みを発明したのです。

この仕組みは、家庭用のインクジェットプリンター、携帯電話の通話料にも応用されています。

日本でも江戸時代にビジネスモデルを発明した人物がいます。

三井高利の越後屋が行った、「店前売り《たなさき》」と「現銀（金）掛値なし」です。

当時の呉服店では、前もって得意先の注文を聞き、あとから品物を持参する見世物商いと、直接商品を得意先に持参して売る屋敷売りが一般的であり、支払いは、盆・暮の二節季払い、または12月のみの極月払いの掛け売りが慣習でした。未回収金や金利がかさむので、商品の値段を安くできませんでした。

高利は、店舗で現金売りを開始し、商品の値段を下げました。さらに、お客の要望に合わせて切り売りをし（当時の呉服業界ではご法度でした）、お店で仕立てて商品を渡すというオーダーメイトのようなビジネスを展開することで、新しいニーズを掘り起こしたのです。

【事例】発見・発明する×片づかないという問題解決×オンリーワン（1位）

個人でも科学技術を必要としない発明は可能です。

やましたひでこさんは、「断捨離」という自己探究メソッドを考案・発明しました。そのきっかけは、高野山での宿坊体験だと言います。修行僧は、必要なものしか持たず、それを大切に使っていました。宿坊も掃除が行き届いていて、すっきりとした空間でした。

一方で、やましたさんは、片づけが苦手で、当時流行していた収納グッズを買っては挫折することの繰り返し。宿坊での体験を通して、モノが少なければ収納する必要がないということに気づきます。モノがあふれる現代社会では、「あれも欲しい、これも必要」という足し算の生活よりも、必要なモノを絞り込んで生活をする引き算の生活の方が快適ではないかと。そのときに、やましたさんの頭に浮かんだのは、学生時代にヨガ道場で学んだ「断行・捨行・離行」という欲望を断ち、執着から離れる行法哲学でした。

「欲望を断ち、執着から離れる」といっても、具体的にどうすればいいのかがわかりません。そこで、やましたさんは、モノという目に見える欲望の証拠品を吟味して、捨てるというメソッドを発明します。

断捨離では、自分とモノとの関係を通して、自分にとっての大切なこと、すなわち、自分はどう生きたいのかということがわかります。

大量のモノに悩む人が多い時代背景に乗って断捨離はブームとなります。やましたさんは、クラターコンサルタントとして、全国で講演、セミナーを行っています。著書の累計は500万部に迫り、世界各国で翻訳もされています。

発見・発明する才能を価値に変えるワーク

・何か見つけたいものがある
・社会の問題を解決する法則を確立したい

このような目標や使命感があれば、あなたに発見・発明する才能があるといえます。

私ごとで恐縮ですが、私は、長らく「努力によって人生の格差がなくなる社会の実現させる法則」を発見したいと思ってきました。言い方を変えると、成功は特別な才能を必要とせず、自分にある才能の有効活用によってもたらされることを証明したいと思ってきました。

その結果が、自分の才能に気づき、価値に転換することで、人生を好転させる本書の出版になりました。私の発見は「才能とは何か？」ということ、「価値とは何か？」ということの定義だと思っています。そして、才能を活かす方法を発明したいと思い、本書をはじめ、情報を配信しているのです。

あなたがあなたの使命に気づくか、使命を自分に課すことができれば、必ず発見と発明の機会が訪れます。

発見や発明は必然的に数値化され、オンリーワンになります。

発見と発明に必要な才能は、好奇心と探究心、そしてあきらめない粘りです。

日本の発明王と言われた中松義郎さんは、『打ち破る力』(世界文化社)で、発明には筋が通っていることが重要だと語っています。筋が通っているとは、先人の理論に照らし合わせるということです。古い理論を模索していくと、新しい理論が行き詰まっていることがあります。そこに従来の延長線でないヒラメキで行き詰まった理論を打ち破るのです。

青色発光ダイオードを開発した中村さんも、ほかの研究者が主流としていたセレン化亜鉛を外し、窒化ガリウムを選ぶことで偉業を成し遂げました。もちろん、セレン化亜鉛についての知識があることが大前提です。やましたひでこさんにヨガの知識がなければ断捨離は生まれていません。

発見・発明の才能を価値にするためには、先人の理論を学んでおくことを忘れてはいけません。

ワーク 8

あなたの発見・発明する才能は、何を見つけるのに使いますか？

あなたの発見・発明する才能を最も価値があると受け取る人は誰ですか？

あなたの発見・発明する才能は、どんな問題解決、幸福体験を提供できますか？

あなたの才能を能力にする数値は？

「表現する」才能を価値に変える方法

表現とは、見る人の主観的な情報を提供すること

情報を配信したい人や目立ちたいという気質の人は表現の才能があるといえます。

表現とは、感じることを色、音、言語、所作などによって、表すことですが、自分勝手に振る舞えばいいというものではありません。

表現の才能とは、他人に受け取ってもらえる形にするということです。

名画と呼ばれる絵画、音楽、小説、踊りなどに共通することとは、受け取り手に影響を与えるということです。受け取り手に影響を与えるとは、なんらかの反応や変化を誘発するということです。

インターネットの普及により、表現の場は誰にでも得られるようになりました。

小説の投稿サイトからベストセラーが生まれ、再生回数の多いユーチューバーはテレビタレントのような影響力を持ちます。

表現には体を使う表現と思考を使う表現があります。体を使う表現が得意な人と思考を表現することが得意な人は、性格的な面から見ると、まったく別の種類の人間のように見えます。しかし、人の変化を誘発する影響を与えるという点では共通しています。

あなたの表現に接したときに、人はどれだけ大きく変化するのかが、あなたの表現の価値となります。

では、どのような表現が価値になるのでしょうか？

表現をコンテンツとして捉えたときに、人に影響を与えるとはどういうことかが理解しやすくなります。

ドワンゴの創業者、川上量生《のぶお》さんが、スタジオジブリの鈴木敏夫さんに弟子入りして学んだことをまとめた『コンテンツの秘密　――ぼくがジブリで考えたこと』（ＮＨＫ出版新書）は、コンテンツとは何かを明確にした秀作です。

本書には「ユーザーにとっては、コンテンツの情報の量ではなく、中身が重要である」とあります。問題なのは、この「中身」を言語化するのが難しいということです。

川上さんの解説によれば、中身とは、ユーザーの脳にとって主観的に重要な情報として感じることができるかということです。共感といえるのかもしれませんが、ユーザーを自分ごとに引き込むことができるのが価値のある表現（コンテンツ）ということになりそうです。

あなたの表現は人に影響を与えるか？

価値のある表現（コンテンツ）がユーザーの主観に働きかけるとしたら、その方法には2つのアプローチがあるようです。

その方法とは、受け取り手を主体化するのか客体化するのかということです。

音楽の場合、歌詞を自分ごとにするのか、聞き手を応援するのかということになるでしょう。

前者は西野カナさんの『会いたくて、会いたくて』、後者はアンジェラ・アキさんの『手紙』になるでしょうか。あるいは、尾崎豊さんの『卒業』が前者で、海援隊の『贈る言葉』が後者だと理解していただくといいかもしれません。

この区分を高畑勲さんは、「思いやりの映画」と「思い入れの映画」と区分しています。

ジブリでいうなら、宮崎駿監督の作品は、思い入れの映画ということになります。宮崎さんの映画では、主人公が見た世界だけが描かれるので、観客は主人公と同じ情報しか持ちません。ですから、自然と主人公に感情移入をします。一方で高畑さんの映画は、感情移入ができないようにつくってあると言います。観客は主人公を自分と切り離し、主人公の考えを思いやりながら映画を観ます。

具体的な事例をして挙げられているのは、「男はつらいよ」です。寅さんに感情移入をして映画を観るというよりは、「こんなにも自由な生活ができればいいな」と憧れを持って映画を観ます。

小説でも、感情移入をする作品と憧れ型の作品に分かれます。

芸術での表現でも、村上隆さんは、「芸術には世界基準の戦略が必要である」（『芸術起業論』幻冬舎文庫）と言い、岡本太郎さんは「芸術は、うまくあってはならない、きれいであってはならない、ここちよくあってはならない」と言います（『今日の芸術』光文社知恵の森文庫）。岡本さんの作品には人を共感させせない迫力があります。

思いやりと思い入れは、人物に対しても言えそうです。

たとえば、「新しい地図」（元スマップの3人）は思い入れによる共感型のタレントで、ホスト王として人気のローランドさんは思いやりによる憧れ型だといえそうです。余談になりますが、寅さんとローランドさんは人気の根底が同じだと私は考えています。だから、ローランドさんは、常人離れした名言（？）を連発するほど価値が上がり、人気者になると思います。

この点は、みうらじゅんさんも自分のブランディングに成功していて、50歳をすぎて長髪にサングラスという「不自然さ」を含んでいるからこそ、人が関心を持つということを著書で語っています。

自分の表現の題材として、個人のブランディングを考える場合は、自分が共感型なのか、憧れ型なのかを知ることも表現の才能です。

長嶋茂雄さんは、なぜスーパースターなのか?

プロスポーツの人気選手でも、引退後にもスーパースターでありつづける人がいます。

プロ野球で活躍した長嶋茂雄さんは、「記録よりも記憶に残る男」と言われます。人の記憶に残っているのは、人を魅了するプレーと、チャンスで活躍をしたということでしょう。

現役時代の長嶋さんは、日本の高度成長を加速させるかのように、ファンに希望を与えました。ファンは長嶋さんの姿に希望を見たのでしょう。

長嶋さんも自分を表現者とした1人です。『燃えた、打った、走った!』(日本図書センター)には、守備は平凡なプレーの連続だが、平凡なプレーでも、ファンに喜ばれるように工夫した。派手に捕って派手に送球し、送球したあとの手の動きまで練習したとあります。

長嶋さんはプロ野球選手であるだけでなく、国民のヒーローでした。

現在でも「国民的アイドル」など呼ばれる人たちがいます。ただし、多くの場合は絶大な人気があるという意味で、表舞台から退けば国民的な存在ではなくなります。本来の国民的ヒーローやスターとは、その存在が永遠のものなので、（個人的な見解ですが）カテゴリーが一段上だと思います。

長嶋さんが国民的ヒーローであるのは、チャンスに強かったからではなく、ファンの期待に応えつづけたからだと思います。

長嶋さんだけでなく、存在自体が表現になる人もいます。高倉健さんや吉永小百合さんなどです。

『「高倉健」という生き方』（谷充代、新潮新書）という本があります。

本書の中にガンで命を終えたロケバス会社の社長の言葉が紹介されています。

少年のころに映画で観たあの人は、自分のとって永遠のヒーローでした。そして、実際にお仕事を一緒にさせていただいても、やっぱりそうです。嘘がない、真っ直ぐで、誰がなんと言おうと自分が決めた道を進む。しんどい時もあるのでしょうが、決して弱音を吐かず、黙っている。あるとき特注のマウスピースを見せてくれて、『つらい時は、このマウスピースをぐっと噛んで辛抱するんだ』、そう言っていました。

高倉さんや吉永さんは映画の中ではもちろん、私生活においてもファンの期待があり、期待に応える宿命を背負っているように感じます。渥美清さんは、常に寅さんでなくてはならなかったのではないかと思います。

ご本人たちの本音を知る由は私にはありませんが、存在が表現である人はいます。おそらく、この本で示したい才能の域を超えて、人の理想とする存在でいつづける覚悟を持った人のみが生きる人生なのでしょう。

1つ言えることは、あなたが人の期待から逃げずに、期待に応えつづける生き方をすれば、あなたの存在自体が表現になるのかもしれません。

【事例】表現×共感という幸福体験×独自スタイル(1位)

キック、パンチ、投げ、絞め技が認められている総合格闘技というスポーツがあります。

その中で、世界チャンピオンになっている数少ない日本人が青木真也選手です。勝利した試合後に「36歳になって、家庭壊して、好きなことをやって、どうだ！　お前ら、うらやましいだろう！」と語ったマイクアピールに会場は沸き返りました。

青木選手の立場はユニークで、正義のヒーローでもなく悪でもない。強烈なアンチがいる半面、熱狂的なファンがいて、両方を巻き込んでいます。

本人は孤独を売りにしているようでいて、ファミリーをいう言葉を口にすることがあります。青木さんの表現から、すべての人に好かれる必要はないが、大切にしたい人は大切にするというメッセージと受け取ることができます。

著書『空気を読んではいけない』（幻冬舎文庫）には、「幸せな人生を生きるために友達はいらない」「孤独こそが唯一無二の価値をつくってくれる」とあります。

青木さんは、柔道部に所属しますが、柔道家としては細身であり、才能があったとは言えないと本人も振り返っています。青木さんが編み出した勝利の方法は、「新しい技をつくり出せたら、勝負に勝つことができる。誰も見たことのない技には、対応策がないから」というもので、組んで投げる技が美徳とされていた柔道界において、いきなり相手に飛びついて極め技を繰り出すスタイルは異端とされました。

総合格闘技に転向しても、最初から人気選手であったわけではありません。

当時の人気格闘家は、試合で勝って、大金を稼いで豪遊するというタイプだったので、青木さんのように格闘技だけをやっている選手は異端でした。それでも、勝利を重ねることで、異端の技はトリッキーと呼ばれるようになりました。

青木さんは、格闘家としても新しい形の表現者になりました。SNSを駆使するITリテラシーの高さと文章力という才能を持っています。柔道家として異端とされた青木さんが、柔道に関するコラムを執筆するようになったのは、表現の才能があったからでしょう。孤独を受け入れ、群れないからこそ、共感者が集まることもあるのです。

SNSが普及することで、一般人にも表現の場が広がりました。ユーチューバーという職業も生まれました。素人がネット上で人気になることで、テレビに出演することも増えています。しかし、あくまで彼らの主戦場はインターネット内です。

SNSを使った表現の収益は「再生回数」「フォロワー数」という数値で決まります。成果が目に見えるという点ではわかりやすい世界でしょう。

格闘家の朝倉未来さんは、またたく間に人気ユーチューバーになりました。特に再生回数が多いのは、「街のケンカ自慢にプロ格闘家がスパーリングを申し込んだらやるのかやらないのか」というもので、好奇心を揺さぶる企画を得意としています。格闘家としての舞台にとどまらず、人が見たいものがわかるという才能が朝倉さんにはあるのでしょう。

表現をする才能を生かすワーク

表現の才能を活かすにあたって、「表現とは何か?」ということを整理したいと思います。

表現とは、見る人の主観に働きかけることであり、その方法には、感情移入と憧れ型がありま す。前者はマーケットインであり、後者はプロダクトアウトと言えます。

次に、表現の才能を活かす方法は、体を使う表現と感性を使う表現があります。

前者はスポーツや芸能の世界の表現者であり、後者は小説家やプロデューサーという表現者になります。もちろん、両方を備えている人もいて、青木選手の場合は、試合に勝つだけでなく、イベント自体を盛り上げるという表現者としての使命感も感じます。

表現は、最も再現性がない才能だといえます。誰かをマネた段階で、二番煎じになり価値を失います。それどころか盗作やパクリと糾弾されてしまいます。

人が見たいものを、あなたの体と感性や思考を使ってアウトプットできるなら、あなたの表現の才能は価値になります。

ワーク 9

あなたの表現する才能は、共感型ですか、憧れ型ですか？

あなたの表現する才能を最も価値があると
受け取る人は誰ですか？

あなたの表現する才能は、どんな問題解決、
幸福体験を提供できますか？

あなたの表現する才能は、体を使いますか？
感性を使いますか？

あなたの才能を能力にする数値は？

「代行する」才能を価値に変える方法

やはり、できることはすべて才能である

お酒を飲んで遅くなったとき、終電を逃すと、東京や大阪ではタクシーを使います。しかし、地方は車で通勤をしている人が多いので、運転代行が盛んです。人ができないことを代行することは仕事になります。

実際、世の中を見れば代行ビジネスはたくさんあります。

税理士や社労士の仕事は手続きの代行が主な仕事です。税務申告や社会保険の手続きは事業者本人がやろうと思えばできます。しかし、専門知識が必要であったり、忙しい人は手間をかけたくないので、税理士や社労士と契約をします。

専門家に限らず、家事代行、買い物代行などの仕事もあり、中には謝罪代行をするというものまで登場しています。ウーバーイーツは、注文と出前の代行ビジネスです。

あなたにとっては当然のことでも、できないと悩んでいる人はいます。また、できるけ

れども時間がない人や時間をかけたくない人は代行を頼みます。

当然ながら、代行を頼む際は、安心できて、上手な人に頼みたいと思います。あなたが何かを人から頼まれることがあるなら、それは十分に才能と言えます。

代わり映えのない仕事にこそ、才能が生きる

会社員の仕事のほとんどは代行であると捉えることができます。

たとえば、ある人が飲食店をやりたいと考えたとします。彼は、料理もできて、接客もできます。メニューを考えることもできるし、宣伝も上手です。数字に強く、経理もできます。仕入れの交渉にも強く、食材を見る目も確かです。

企業の創業者は、このようになんでもできるスーパーマン的な人が少なくありません。しかし、問題はすべてを自分でやる時間がないことです。そこで、彼は自分でできるけれども、時間が足りないことを人に代行してもらうために人を雇います。このとき、彼が考えることは、自分に近いレベルかそれ以上のレベルで代行の仕事をしてもらうことでしょう。

営業、経理、総務などの仕事は、経験者がやろうと思ったらできる仕事かもしれません。

しかし、手が回らないので人を雇うのです。この点を知っていれば、会社での仕事でも才能を活かしやすくなります。要は、雇用することで、代行を頼む人が喜ぶことをしてあげるということです。だから、才能を活かすことができている優秀な会社員とは、会社が求めることをきちんと理解しているということになります。

銀行の受付やコンビニエンスストアのアルバイトでも、雇用する側が求めていることがわかれば、提供するべき価値がわかります。

自分に求められていることがわかれば、代わり映えのない仕事でもやるべきことが明確になります。

代行する才能の注意点

代行の才能を価値にする場合の注意点は、ＡＩとの競争になるということです。

作業を代行する仕事はＡＩの方が正確で圧倒的に早く処理ができます。税理士の仕事ですら将来なくなるといわれています。銀行の窓口や警備の仕事もなくなる可能性があると思います。ＡＩは３６５日24時間、文句を言わずに仕事をするので、人間がかなうわけはありません。

だからこそ、人にしかできないことは、人が才能を提供することで価値が上がります。人にしかできないことの1つは、データがない状態で察知するということです。人の不安を顔色やしぐさを見て察知するという気づかいややさしさは人間特有のものです。頼まれた仕事をそのままやるのでは人間が提供する意味はありません。

『自分の部下を〝プロ集団〟に変えるコーチング心理戦』（杉澤修一、青春出版社）という本には、部下には2種類しかないとあります。

本書の中では、「プロ」と「コマ」に区分されています。プロとは、経営を理解したうえで、自分の仕事で結果を出せる人であり、コマとは単純な労力の頭数にしかならない人のことをいいます。注意しなければいけないのは、多少できるからといってプロではないということです。成果を出しても、プライドが高くチームプレーができない部下はコマです。プロとは、求められていることがわかり、最低限でも期待通りの結果を出す人のことを言います。

これは組織で仕事をするうえでも重要であるし、クライアントがいるフリーランスの人も肝に銘じておかないといけないことでしょう。

ですから、代行する才能とは次のようになります。

・人ができないこと
・人はやりたくないこと
・依頼者の気持ちを理解する

相手の気持ちがわかり、相手を立てることが上手な人には代行の才能があります。

代行からスキルの提供へ

昨今、代行ビジネスは発展し、スキルを提供するというステージに上がりました。スキルの提供は、教えることに発展し、スキルを教えることによって先生になるのです。セミナーマッチングサービスの「ストリートアカデミー（通称ストアカ）」では、才能を生かしたユニークなセミナーがたくさんあります。

・小学生のための1day走り方教室　～運動会・短距離走編～
・元スーパー&百貨店鮮魚部出身！　○○君の「やさしい魚のさばき方」

こうしたサービスは、特別に優れた才能がなくても提供をすることができます。ストアカには専業主婦の先生も多数在籍しています。

こうした方は、お弁当づくりを教えることで、生徒さんに感謝されます。ママ友の間では、「○○ちゃんのママ」であり、ご近所では、「○○さんの奥さん」が、自分の名前で呼ばれる先生になるのです。才能を提供することで、1人の人間としての自立の促進になります。

よく自分には特別な才能はないと言う方がいますが、一貫して本書でお伝えしているように、才能を活かすためには、必ずしも特別である必要はありません。

マルチにできるよりも、特化した才能で価値を提供することによるメリットがあります。代行することで得られるメリットには情報が蓄積されるということです。やがて蓄積はオリジナルのノウハウになり、次の仕事になります。

【事例】代行×料理が苦手という問題解決×専門性

主婦にとって家事というのはプレッシャーがかかるもののようです。男性としては奥様の苦労に心をくばり、片づけができて当たり前、料理ができて当たり前という考えは捨てなければなりません。とはいえ、古くより根づいている家事は女性の仕事という観念は根深く、世の中の女性を悩ませているようです。

ですから、片づけ、収納術、料理などのスキル提供はビジネスになります。

おもてなしプランナー・料理研究家の高木ゑみさんは、著書『考えない台所』（サンクチュアリ出版）がベストセラーになりました。

世の中には台所に立つことを憂うつに感じている人が多いようです。本書は、こうした方々に「正しいルールを知って、効率的に台所仕事をこなすための本」とあります。

専門店の厨房では、多くのお客さまに料理を提供するための工夫があります。そうした工夫を家庭に取り入れることができれば効率的になるということで、献立選び、調理、保存、収納などのノウハウが紹介されています。

高木さんも、もとは料理の仕事をしたいと考えていた人です。料理という才能を活かして、仕事をつくり、料理教室、企業とのタイアップ、商品開発・イベントメニューの監修など多方面で活躍なさっているようです。もちろん、プロフィールにも数値が入っています。「生徒数は1000人を超え予約の取れない〝熱血料理塾〟として知られている」（高木さんのブログより）。

【事例】代行×料理で婚活という幸福体験×専門性

青木ユミさんも「料理で彼の心と胃袋をつかむ　愛されめし愛されめしプロデューサー」として人気講座を主催しています。料理で、彼氏とつながり、結婚までしてしまおうというメソッドを提供しています。

ほかにも、パティシエール有希乃さんは、お菓子づくりのハードルをとことん下げて、誰でも気軽に楽しんでほしいという想いから、「計りのいらないレシピ」を考案し、初心者でもプロ並みのお菓子づくりができる講座を主催しています。当然ながら、みなさん、「先生」です。

代行する才能を生かすワーク

代行する才能を活かす方法は、自分にできて人にできないことを見つけるということです。できない人が多いほど、マーケットは大きく、あなたの才能が大きな価値になります。

1つのマーケットは、家事の分野でしょう。

職場で考えれば、「人がやりたがらないこと」だと思います。世の中には、やりたい仕事ができている人は少数です。ですから、多くの人は「やりたくない仕事を楽しんで、さらにノウハウにして提供してお金を稼ぎたい」という欲求を持っています。ここは狙い目でしょう。

大手カメラメーカーの消費者相談室、各サービスセンター所長を務め、20数年にわたりクレーム対応を担当した川田茂雄さんは、『社長をだせ！　実録クレームとの死闘』（宝島文庫）がベストセラーになり、講演活動を行っています。

たとえ小さな才能でも価値を大きくしていく方法はあります。

「ゼロから3カ月で月100万円の収入を新たに得る方法はある」――そんな書き出しではじまっているのが、小林正弥さんの『自分を最高値で売る方法』（クロスメディア・パブリッシング）という本です。

この本は、才能を活かして、お客さまを教育しながらステップアップしてもらい、自分の収益を上げる方法が紹介されています。カスタマーサクセスフォーミュラというメソッドは、先生から大先生になるステップが紹介されているので、本書の教材としても活用していただけると思います。

ワーク 10

あなたの代行する才能は、どんな困りごとを代行できますか？

あなたの代行する才能を最も価値があると
受け取る人は誰ですか？

あなたの代行する才能は、どんな問題解決、
幸福体験を提供できますか？

あなたの才能を能力にする数値は？

才能はかけ算で価値を大きくする

複数の才能をかけ合わせれば価値が大きくなる

仕事の才能について、10のパターンを紹介しました。ここで注意していただきたいのは、才能はどれか1つではないということです。10のパターンのうち、多くの才能が備わっているほど価値が大きくなります。

たとえば、あなたが人の嫌がる仕事を一生懸命にやってきて、なんらかのノウハウを発見したとします。その際に、表現する才能があり、売る才能があれば、短期間で大きな価値になるでしょう。さらに、サービスの才能があれば、お客さまが感動し、あなたを紹介してくれるでしょう。

藤原和博さんが、『藤原和博の必ず食える1％の人になる方法』（東洋経済新報社）で、レアな人材であることが価値であると指南しています。100人に1人は雑居ビルに1人、1万人に1人は町に1人、100万人に1人は世代に1人のイメージです。1万人に1人になれば飯が食えると言います。

その方法は、100人に1人の才能をかけ合わせるということです。本書の例でお話しするなら、100人に1人の美容師の技術と100人に1人のお笑いのセンスがあれば、「お笑い美容師」として地域一番の店になれるだろうということです。

確かに、美容師で独立をするのは難しいし、お笑いを仕事にするのも難しいでしょう。しかし、かけ合わせることで、1万人に1人になることは、1万人に1人の才能がなくても可能です。


田坂広志さんもこれからはスーパーゼネラリストの時代だと言います(『知性を磨く――「スーパージェネラリスト」の時代』光文社新書)。

スーパージェネラリストとは、専門の知識だけでなく、垂直統合の思考ができる人物だとあります。さまざまなレベルの思考を切り替えながら並行して進め、それらを瞬時に統合することができるということで、自己限定を捨てるということになります。

自分の才能にアクセスするたびに、私たちの価値は大きくなるのです。

人生のプロになろう

先ほど部下にはプロとコマがいるとお話ししましたが、自分の人生においてもプロとコマに分かれると思います。

プロとは、自分の人生に責任を持ち、自分の才能を活かして生きる人のことをいいます。逆に、人生のコマとは、才能を活かし切れず、他人の影響を受けながら労働力として人生の時間を費やしてしまう人です。

コマでいつづけると、自分の人生の大部分が自分のために使えなくなります。

京セラ創業者の稲盛和夫さんは、著書『生き方』(サンマーク出版)で、人生・仕事の結果は、「考え方×熱意×能力」という1つの方程式で表すことができると語っています。

これは人生の真実でしょうし、かけ算になっていることがミソで、1つでもゼロがあれば人生はゼロになります。ゼロならいいのですが、マイナスがあると人生そのものがマイナスになってしまいます。

自分の才能を価値にできる人は、人生のプロだと思います。

まとめ

才能についての復習

・できることすべては才能である
・才能にはわかりやすい才能とわかりにくい才能がある
・できることを数値化すれば能力があると評価される
・成功は「①大望×②才能×③運」の順番が大事
・ビビると才能が死ぬ
・勝手に自己責任で生きる
・才能の開花に年齢は関係ない
・価値は受け取る人で決まる

・1つの価値を提供できれば、ほかの分野でも価値があると思われる
・価値を提供する人を決める
・人が欲しいものを欲しい条件で提供すれば成功する
・価値とは、問題解決か幸福体験である
・才能は性格に関連する
・才能を活かせる組織を選ぶ
・才能を活かす仕事は10種類
・学びには3つの階層がある
・自分の才能を信じる
・才能はかけ算で大きくなる

おわりに

ここまでお読みいただき、ありがとうございました。

思い返せば、この本を企画してから2年ほど経過していると思います。2年もかかった理由は、私自身が才能や成功についての考えをまとめきれなかったからです。それでも、気長にお付き合いをいただいた編集の貝瀬裕一さんに感謝します。

また、本文でも紹介をさせていただいた藤岡比左志さんにも編集アドバイスをいただきました。当初、別の出版社から発表することになっていましたが、言葉にできない違和感を感じていました。二転三転して、最終的に藤岡さんの協力をいただけたことは幸運でした。

私自身は、才能のある人間ではありません。だからこそ、才能や成功について人一倍考えてきました。

今、1つの話を思い出します。

イギリスのオーディション番組「ブリテンズ・ゴット・タレント」にうだつがあがらないように見えた携帯電話の販売員が登場したとき、誰も彼の才能に期待していませんでした。

しかし、彼が歌い始めた瞬間……

オペラ歌手、ポール・ポッツのストーリーは映画でもインターネットでも見ることができます。彼のストーリーは奇跡だといわれます。奇跡は滅多に起こらないので奇跡といわれるのですが、奇跡があなたや私の人生に起こらないと断言できる人はいません。

私たちにできることは、自分の才能を信じてステージに立つことでしょう。

最後に、父親らしいことはできなかったけど、これから社会に出る2人の娘に。君たちの才能が価値になる人生を歩めるように。

あなたの才能が活かされることをお祈りしています。ありがとうございました。

２０２０年1月　別所謙一郎

別所謙一郎（べっしょ けんいちろう）

株式会社経営戦略パートナーズ代表。1969年生まれ、兵庫県姫路市出身。都留文科大学文学部卒業。教員を目指して大学に進学するも、一般企業に就職。自分はスーパーサラリーマンになれるという根拠のない自信は打ち砕かれ、その後の10年間で4社に転職するが実績を出せず。才能に恵まれず、うだつの上がらないサラリーマン時代をすごす。5社目の転職にマーケティングを取り入れることで、一発逆転、年収が1000万円を超える。このとき、仕事の才能は後天的に身につけることができることを知り、コンサルタントとして独立。現在、個人から上場企業まで個人や企業の強みを活かすための才能開発の提案を行っている。

才能のない人間が考えた
才能を活かす10の方法

2020年2月27日　第1版第1刷発行

著　者　別所謙一郎

発行所　WAVE出版
〒102-0074　東京都千代田区九段南3-9-12
TEL 03-3261-3713　FAX 03-3261-3823
Email　info@wave-publishers.co.jp
URL　http://www.wave-publishers.co.jp

印刷・製本　中央精版印刷株式会社

ISBN978-4-86621-260-9　Printed in Japan

NDC159　239p　19cm